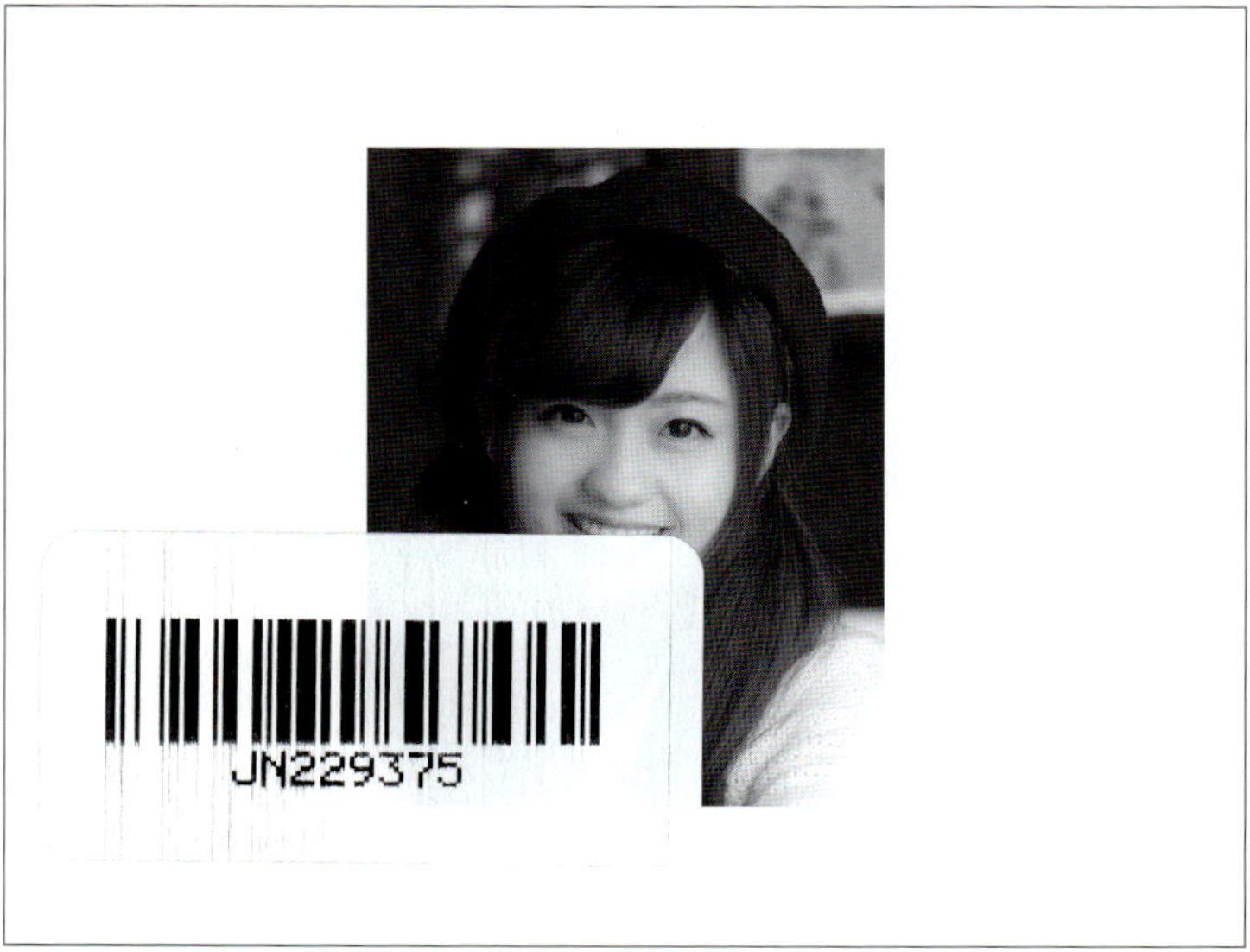

上と下の女性、どちらがより魅力的に見えるだろうか？

（本文15ページ）

Elliot, Andrew J. and Niesta, Daniela (2008) Romantic red: Red enhances men's attraction to women. Journal of Personality and Social Psychology, 95, 1150-1164を基に作成

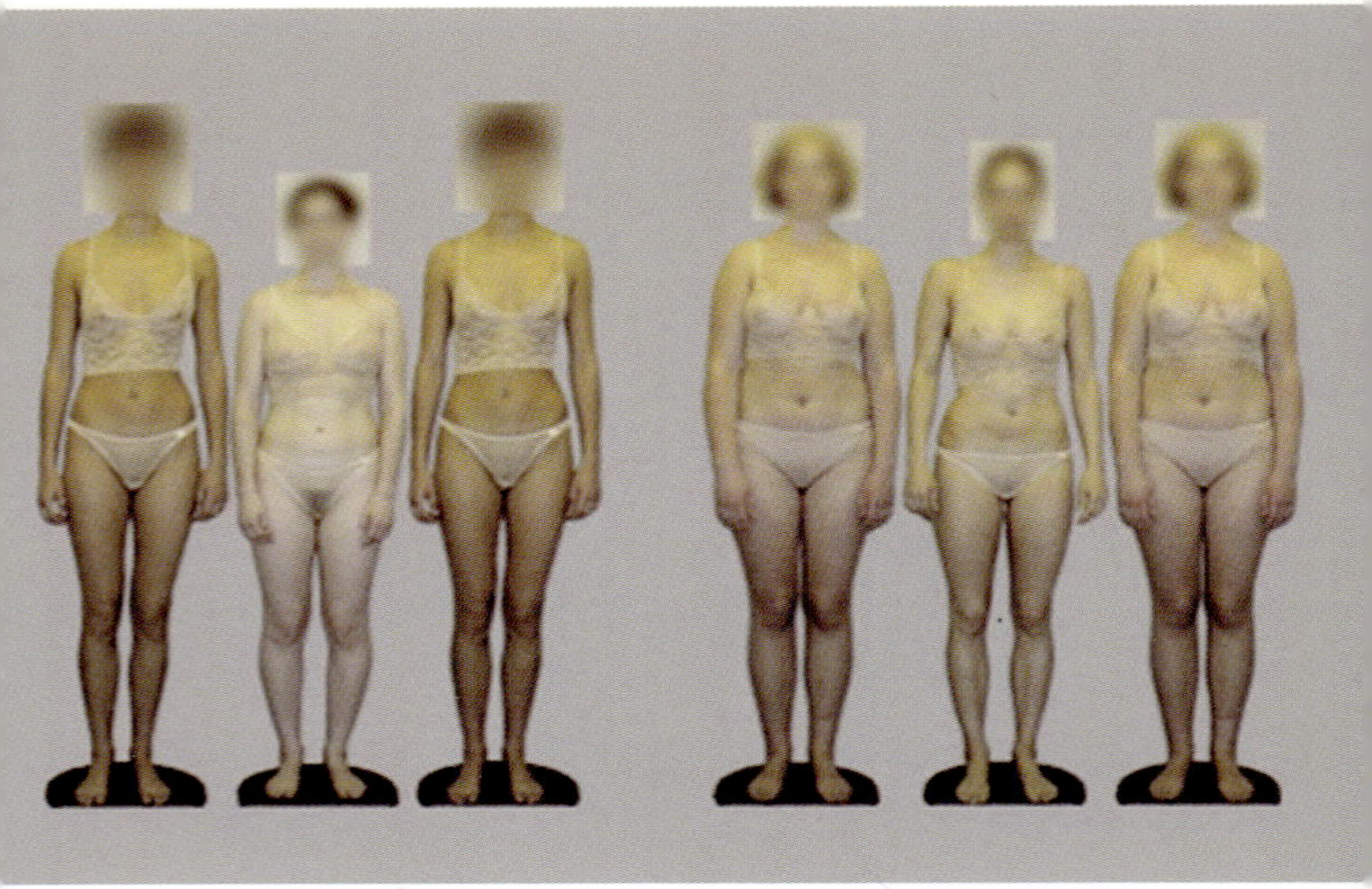

太った女性に囲まれると、錯視によって、痩せて魅力的に見えるだろうか？

（本文37ページ）

Melissa Bateson, Martin J. Tove, Hannah R. George, Anton Gouws, Piers L. Cornelissen (2014) Humans are not fooled by size illusions in attractiveness judgements. Evolution and Human Behavior, 35, 133–139.

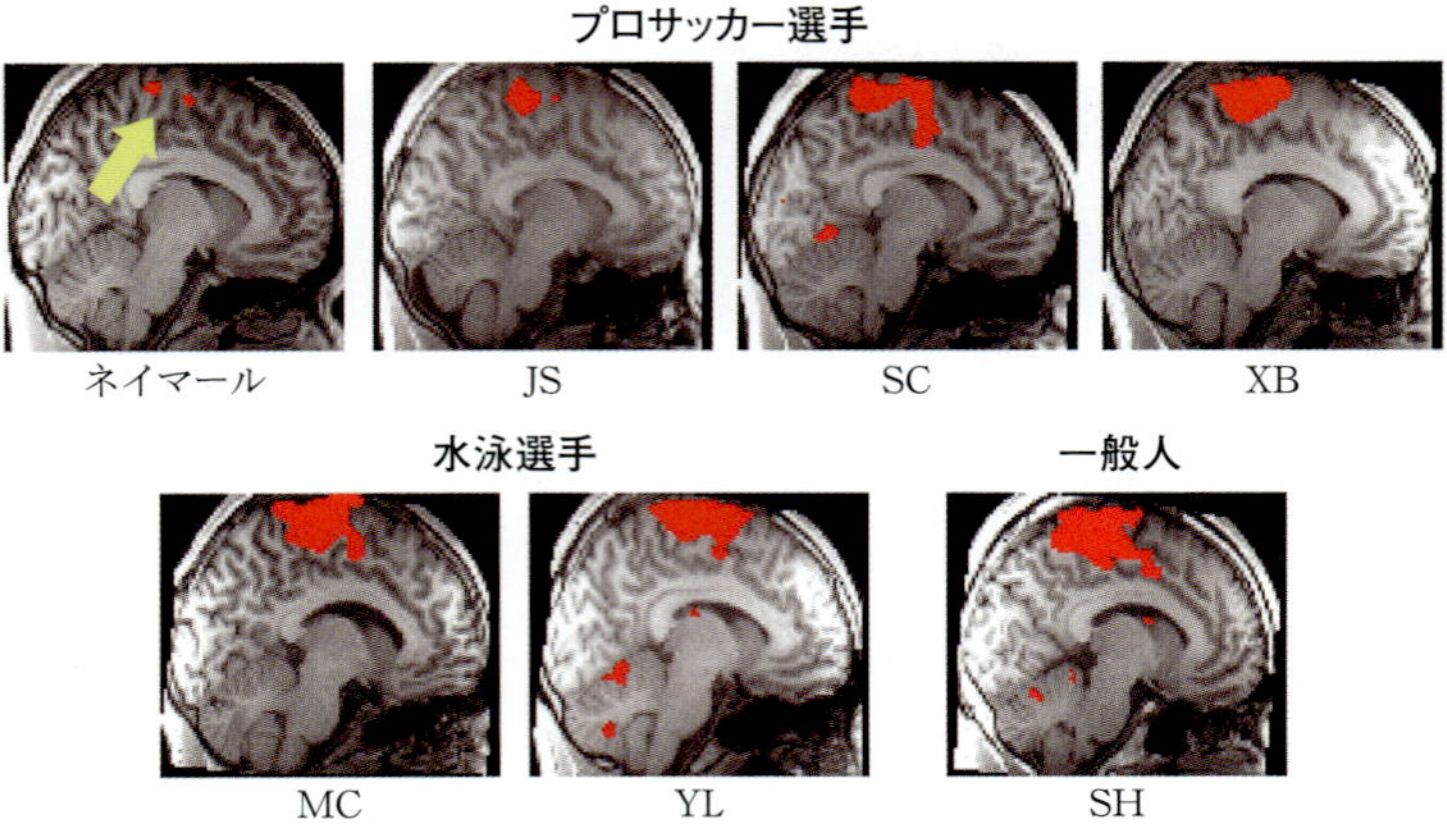

プレー中のネイマールの脳は、なぜあまり活性化していないのか？

（本文74ページ）

Eiichi Naito and Satoshi Hirose (2014) Efficient foot motor control by Neymar's brain. Frontiers in Human Neuroscience, 8, Article 594.

このような広告を、あなたは見たことがあるだろうか？

（本文183ページ）

Elizabeth F. Loftus (2005) Planting misinformation in the human mind: A 30-year investigation of the malleability of memory. Learning & Memory, 361-366.

レッドブル

レッドブル塗装の車を操縦するとき、プレーヤーに何が起こるか？

（本文215ページ）

S. Adam Brasel, James Gips (2011) Red Bull "Gives You Wings" for better or worse: A double-edged impact of brand exposure on consumer performance. Journal of Consumer Psychology, 21, 57–64.

おどろきの心理学

人生を成功に導く「無意識を整える」技術

妹尾武治

光文社新書

はじめに

巷《ちまた》に心理学はあふれかえっている。

女性誌が語る「モテ女になるための心理テク」、男性誌が語る「イケてる男の心理学」「子育て心理術」「デキる男の心理術」「嫌な上司をかわすための最新心理学テクニック」「最新心理学メソッドで君も勝ち組！」などなど。

本屋に入れば必ず「心理」という言葉が目に入ってくる。テレビを見ていても、朝昼晩問わずなにがしかの「心理学」の話が流れている。日本人は心理学が大好きなようだ。しかし、心理学者である私は思う。そんなにも大人気な心理学なのに、「全然きちんと伝わってない」と。

皆さんにとって、心理学のイメージは、取っ付きやすくて面白い反面、どこか「うさん臭い」「怪しい」といったものではないだろうか?　それどころか、心理学は「エセ科学」であると主張する人さえいる。

実際に社交の場で、私が「職業は心理学者です」と言うと、周囲からどことなく侮蔑的な反応があったり、冷笑を浮かべられることもある。そもそも「心理学者です」と名乗る心理学者のなんと少ないことか!

「あの(うさん臭い)心理学ですか⁉」

「あの(怪しい)心理学者ですか⁉」

といった対応を頻繁に受けるから、「心理学者です」とうかつに名乗れないのではないか、と私は思う。

なぜ、こんなにも人気があるにもかかわらず、心理学と心理学者は冷笑の的になってしまうのだろうか?

本書を最後まで読んでいただければ、この謎がすっきり解けるだろう。簡単にいえば、正しい心理学の姿が世間一般に全く伝わっていないことが最大の原因だと私は思う。

本書のテーマは、**本当の心理学の面白み、凄みを繰り返し説明することである。**

心理学には、目からウロコの驚きの実験が、キラ星の如く存在する。それらについて、読者の皆さんには科学的に正しく知ってもらいたい。

「ボディタッチでモテよう！」とか「赤を着ればモテる！」というような、ワンフレーズに落とし込んだ心理学ではなく、そのワンフレーズがどういう心理実験を経て得られたものなのか。これを精査していくことで、心理学の本当の姿に迫ることができるだろう。

心理学の「本当に面白いところ」は、ワンフレーズに落とし込まれたノウハウではない。**人間の真実に迫るための精緻な方法論こそが、心理学の醍醐味なのだ。**


ここまで読まれて、本書のことを難解で読みづらい学者の本のように感じられたかもしれないが、それは全くの杞憂である。本書はお気楽心理学エッセーであり、科学としての妥当性と、読み物としての楽しさが、両立するように、これでもかというほど熟考して書いた面白本である。著者自身が、プロレスとサブカルが好きな、へんてこなおじさんであるから、どうか安心してもらいたい。子供の頃は何時間もファミコンをしていたし、アニメは漏れなく見ていた。岡村ちゃんのライブにも行くし、プロレス会場にも足しげく通う。東京ダイナマイトのＤＶＤは欠かさず買う。そんな小太りのおじさんである。

本書は、一般の方が「ヒルナンデス！」や「アメトーーク！」を見るときのように、気楽な気分で最後まで一気に読める本である。しかし同時に、心理学の本格的で科学的なエッセンスを自然に身につけながら、最後には心理学の本来の姿を知ることができるようになっている。多くの一般の方に、心理学の入門書として、心理学の本質を気楽にかつ自然に身につけていただくことが本書の最大の目的である。

ただし、本書で扱う心理学は「**実験心理学**」のみである。

心理学には大きく2つの分野がある。それは実験系と臨床系である。臨床系は、臨床心理士やカウンセラーになる人材が、患者さんの心を改善するためのノウハウを学ぶ学問である。一方、実験心理学は、統制された特殊な環境下に人間を置いてなんらかの刺激を与え、その刺激から得られた反応（行動）を記録する学問である。最終的には、刺激に対する人間の行動パターンから、人間の心の振る舞いの特性を推察する。

世の中のありとあらゆる場面で心理学に出くわすにもかかわらず、このような心理学の基本的な区分についてさえ、知っている人はあまりにも少ない。このギャップに、心理学者として日々驚いている。好きなのに知らない、好きなのになぜか侮蔑する——。心理学は、そんな不思議な学問なのだ。

本書では、**モテ、サブリミナル、記憶、意思、血液型診断などの身近な心理学のトピックを取り上げ、実際に科学として行われた心理実験をできるだけ正確にお伝えしていく。**読み終わる頃には、**最新の心理学について一通りの知識が得られるとともに、心理学的に正しい思考法、方法論を身につけることができるだろう。**

もちろん、ただのエッセーとして、お気楽度100パーセントの方でも十分に楽しめるように書いているし、そうなりうるのが科学としての心理学の凄みでもある。これは物理学や医学とは異なる、取っ付きやすさという心理学の魅力ゆえのことである（エッセーであるため、科学的な厳密さに欠ける部分がやむを得ず出てきてしまう。専門家、同業者の方からはお叱りを受けるかもしれないが、どうか大目に見てほしい）。

心理学はなぜ人気があるのか？

それなのに、なぜ心理学はうさん臭いのか？

これらの疑問について、心理学の構造、つまり「心理学とはどういう学問なのか」を理解していく中で自然と答えが見つかるはずだ。

さあ、一緒に心理学の冒険の旅に出よう！

目次

口絵1ページモデル　河村友歌

序章　赤い服は本当にモテるのか？
――真の心理学の凄みとワンフレーズ心理学

巷にあふれる「心理学的には○○が正しいらしいよ」という言説。この「ワンフレーズ心理学」「なんちゃって心理学」は、ある局面では正しいことも多いが、ある局面では根本的に間違っていることもある。そこには、科学としての心理学を一般の生活に応用しようとする際に、構造的に避けられない大きな問題が存在するのだ。

それは、**平均値の科学としての心理学を、日常の一度限りの場面に当てはめても、正解は導けない**という本質的なジレンマである。

「赤い服を着るとモテる」は心理学的に正しい

ヤフートピックスや、女性誌・ファッション雑誌の特集記事で「**赤い服を着るとモテる**」という心理学の俗説を聞いたことがある人も多いだろう。2015年8月には『赤を身につけるとなぜもてるのか?』という書籍も刊行され、人気を博した。私自身、この言説の真偽を自著で解説したこともあり、心理学者として、とても人気のあるトピックであることを自覚している。

実は、この「**赤い服を着るとモテる」という言説は心理学的に正しい**。

2008年に、「ジャーナル・オブ・パーソナリティ・アンド・ソーシャルサイコロジー」(直訳すれば、性格と社会心理学雑誌)という国際的な学術誌でその真偽が検証され「赤い服はモテる」ということが立証された。論文の著者は、ロチェスター大学のエリオットとニエスタである。

その後、いくつかの追試(他の研究者が同じ実験を行い、同じ結果が出るかどうか試すこと)にも成功していることから「赤い服はモテる」という言説の心理学的な正しさは繰り返し実証されたことになる。

しかし、心理学的に「赤い服を着ればモテる」が正しいとしても、日常の一場面でA子さんが「意中のサトシ君から告白してもらうために、今日は赤い服を着て勝負をかける！」と、その言説を応用しようとしても、「赤でモテる」というワンフレーズ心理学は、必ずしも正しくならない。それどころか、正しくないケースの方が多くなってしまう。このことを理解するために、まずは赤がモテるという結論を導くに至ったエリオットとニエスタの実験を、詳しく見ていこう。

実験内容と驚きの結果

エリオットらの実験では、27名の男子大学生が被験者として参加した。彼らの平均年齢は20・5歳で、まさに青春の恋愛まっさかりの若者である。エリオットらはこの被験者をランダムに半分に分け（15名と12名）、女性の見た目の評価をしてほしいと伝えて、白黒の女性の写真をパソコン上に提示した。

このとき、女性を取り囲む背景の色が白のものと赤のものの二条件が存在しており、半数に分けられた被験者に、いずれかの背景の女性の写真が提示された（口絵1ページ）。写真の女性は笑顔でボタンダウンのストライプシャツを着ている。写真の提示時間も固定され、わずかに5秒間だけ。写真のサイズは横10・2センチ、縦15・2センチと大きく、顔の様子

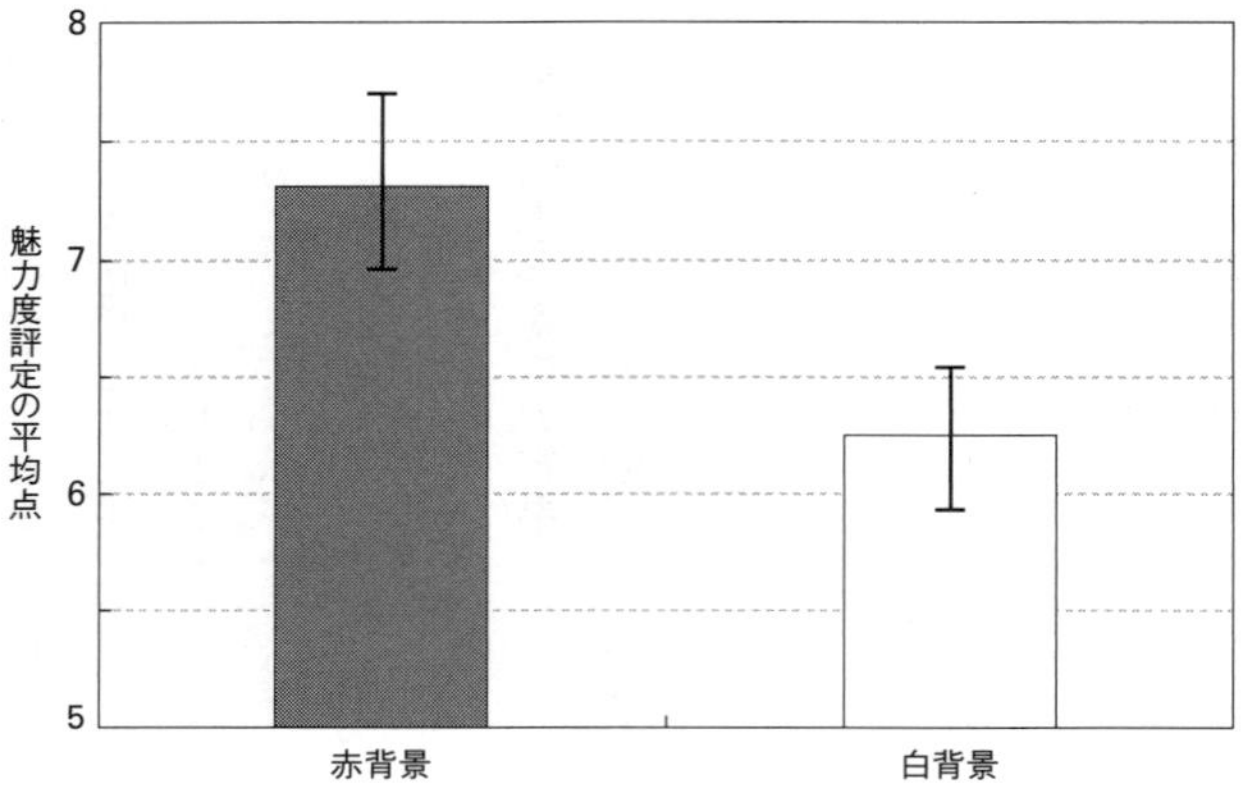

図１　赤背景の平均点は7.2点、白背景の平均点は6.2点だった

Elliot, Andrew J. and Niesta, Daniela (2008) Romantic red: Red enhances men's attraction to women. Journal of Personality and Social Psychology, 95, 1150-1164

は十分に把握可能だった。この写真がパソコンの画面の中央に提示された。

被験者に与えられた課題は、その女性の魅力度を１点から９点満点で評価するというもの。９点は「もの凄く魅力的である」、１点は「全くもって魅力的ではない」という評価に対応する。そこそこ魅力的だと判断される場合は、中間の４、５点になる。つまり、とても簡単なアンケートに答えたと思っていただければいいだろう。

写真の人物は常に同じで、背景色のみが唯一異なっていた。

結果（図１）は、赤背景の写真を提示された被験者の魅力度評定の平均点は７・２点程度だったのに対して、白背景の写真を提示された被験者では平均点が6・2点程度まで下がってしまった。つまり、**全く同じ人物なのに、赤背景の女性の方が魅力的だと判定されたの**である。女性の写真は赤背景で囲われている方が、魅力的に見えるという驚くべき結果が得られたのだ。

実験2では、同じ実験を男性31名と女性32名の計63名に対して行った。評定される対象の女性の写真は、先の実験の女性とは別人に変更された。これによって、他の女性の写真でも同じ効果が得られるかどうかが確かめられる。

その結果、男性では先ほどの実験と全く同じ結果が得られた。つまり、赤背景で囲まれた女性の写真の方が、高い魅力度の評定を得たのである。しかし、女性の被験者（評定者）では、赤背景で写真の女性の魅力度が上がるという結果は得られなかった。つまり、**赤背景の効果は男性に限定されたものであり、女性には効果がないことがわかった**。このことから、赤背景の「魅力度を上げる効果」は、なんらかの性的な魅力と関係があることが示されたのである（性を超えた人間的な魅力ではないということである）。

次の実験3では、この性的な魅力についてよりはっきりと被験者に問いかけてみた。

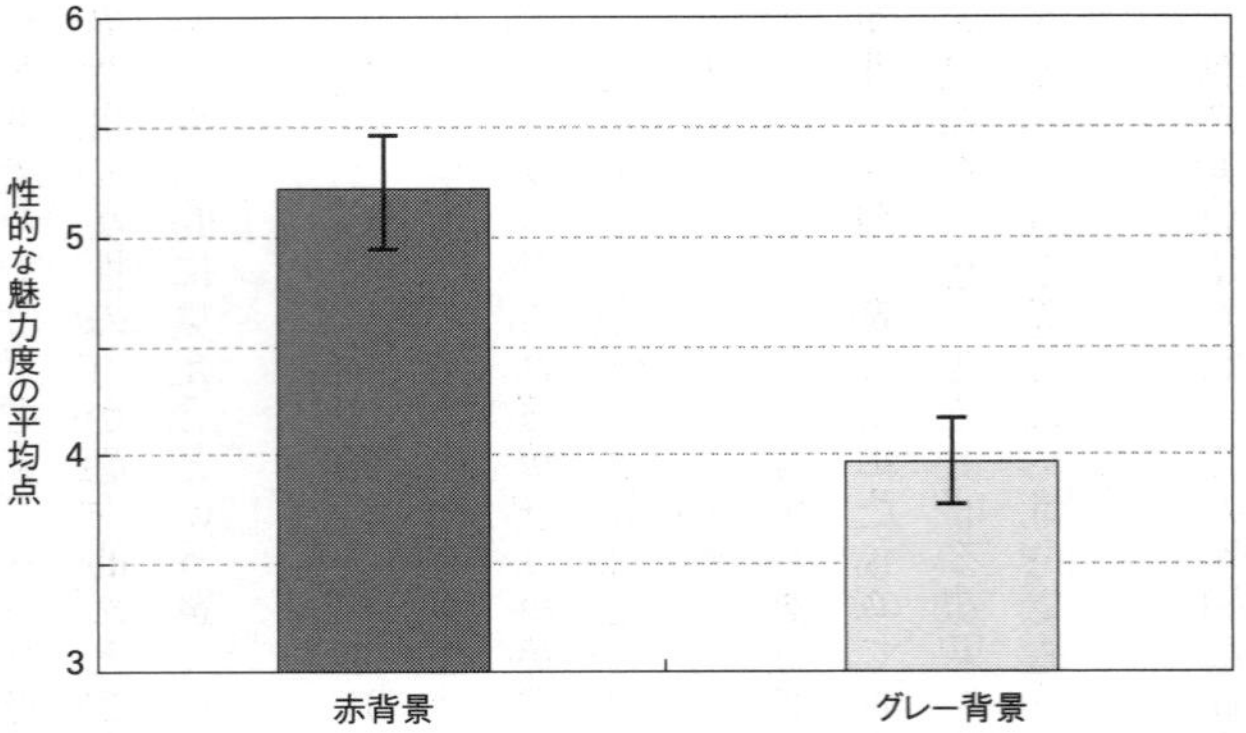

図2　赤背景の方が、グレー背景よりも「セックスしてみたい」という評点が高かった

Elliot, Andrew J. and Niesta, Daniela (2008) Romantic red: Red enhances men's attraction to women. Journal of Personality and Social Psychology, 95, 1150-1164

37名の男性の被験者に対して、魅力度のアンケート評価に加えて「この女性とどれくらいセックスがしてみたいですか?」という端的でえげつない質問を9点満点で聞いてみたのである。「ものすごくセックスしたい」を9点、「全くセックスしたくない」を1点で評価点を算出した。この実験でも、別の被験者を集め、評定される写真の女性もこれまでとは別人のものを用いた。

その結果（図2）、赤背景の女性の方が、色なしのグレー背景の女性よりも「セックスしてみたい」という評点が高くなった。女性の写真を赤い背景で囲うだけで、男性はその女性とよりセックスをしてみたいと答えるようになった。つまり**赤背景は、女性の魅力度**

のうち、特に性的な魅力度を大きく押し上げる効果があったのである。

さらに追加の実験では、30名以上の異なる被験者と、異なる女性の写真を使って、赤と緑の背景を比較したり、赤と青の背景を比較した。背景の色のバリエーションが増えただけで、実験の構成要素はベースとなる一番はじめの実験と全く同一である。

その結果、やはり赤がずば抜けて特殊な効果、すなわちモテる効果を発揮することが繰り返し証明された。**赤背景で囲まれた女性は、緑や青背景で囲まれたときよりも、より魅力的で、セックスしてみたいと男性に思わせることができる**のである。

以上が、世に広まっている「赤がモテ服」というワンフレーズ心理学の大元になっている科学論文の説明となる。

特定の人にモテるための戦略は、心理学では立てられない

心理学は、人間一般の特性、人類の心の事実を立証する科学である。そのため、特定の個人の特性の影響をできるだけ小さくすることが求められる。この例でいえば、サトシ君の好みが最小限になるように何十人もの被験者の平均値が用いられる。そして、一度の気まぐれな判断の影響が最小限になるように、何度も同じ刺激（ここでは女性の写真）への反応を繰り返し行わせ、その平均値を取る。つまり心理学は、シングルショット（その場その場での、個人の一度限りの判断）からできるだけ離れて、**人間全体、人類の総体としての心の特性を明らかにする学問**なのである。

赤でモテるという元論文でも、30人以上の被験者から回答を求め、さらに同じ実験を繰り返していたのは、反応を平均化・平滑化するために必要な作業だった。

今日、赤い服を着たからサトシ君の好感度が上がるはず、というシングルショットの期待は、心理学的に正しい態度ではなく、そういう期待を持つべきではないのである。

では、心理学的に「赤でモテる」を正しく応用すると、どうなるだろうか？

それは、ある女性が１００回合コンやお見合いパーティーに参加して、毎回何十人もの男性と交流する際に、１００回毎回赤い服を着て参加する場合と、同じく毎回青い服を着て参加する場合とでは、相手に言い寄られる回数のトータルが、赤い服を着た場合の方が、青い服を着た場合よりも確実に多くなるという事例である。１００回という繰り返しかつ不特定多数の男性に対しては、赤は確実に効果を発揮する。

つまり、心理学では「**あの人にモテるための戦略**」は立てられない一方、「**人間一般、男性一般によりモテるための戦略**」であれば**立てることができる**のだ。しかし、そこで「モテた」として、その言い寄ってきた男性の中にA子さんの好みの基準をクリアする相手が何人いるのかは、心理学では全く考慮に入っていない。ここに大きな問題がある。

往々にして、人間の心の問題は「誰でもいいからモテたい」というよりも「特定のあの人にモテたい」というものである。後者のような、特定の事例での効果的な方法論は心理学では提供できない。なぜなら、**心理学は平均値の科学だからだ**。

平均値を個別の事例に当てはめてしまうジレンマ

あの人にモテることと、人類一般にモテることは根本的に異なる。心理学は前者のための知見は提供せず、後者の知見を提供する。心理学が科学として成り立つために経てきた歴史の性質上、それはやむを得ないことなのである。

例えば、向井理似のサトシ君は、子供時代にエヴァンゲリオンの綾波レイに憧れていたために、青にトラウマ的な欲望・性欲を抱く、という個別の事情があったとする。心理学では、そういった個別のケースの影響をできるだけ消してこそ科学たりえるため、多数の人物から反応を求めて平均での議論のみを行う。一方で、あなたがサトシ君にモテるためには、その**個別のケースこそが戦略上最も大切**であり、髪を青く染めたら、サトシ君はイチコロかもしれない、ということになる。

「フォークボールは空振りを取るために有効な球種である」という言説は野球の客観的なデータから見れば正しい。しかし、特定の試合の特定の場面で、特定の打者に対する特定のカウントで「必ずフォークで空振りが取れる」か、と問われれば、それは「わからない」としか答えられない。そのバッターがフォークにヤマをはっている場合、最も打たれやすい球種になりうるからである。客観的なデータはあくまで参考程度にして、その都度、自分の頭できちんと考えてケースピッチングができる投手が一流になれるのは、明白である。

心理学を日常に活かすのも、まさに同じであって、人間一般としては「赤がモテる」ということを理解した上で、サトシ君という個別の事例に対しては、個別の戦略を練ることが大事なのだ。

平均値を個別の事例に当てはめてしまう、というジレンマが、心理学を日常に応用しようとする際には常に生じる。科学としての心理学の現場と、日常での応用の現場で、常にこのジレンマが存在するのである。

実験で確かめられたのは背景色のみ

もう一点明記しておきたいのは、エリオットらの大元になっている科学論文では、**女性の服の色を変化させたわけではないし、魅力度が上がるということを示しただけで、モテるかどうかについては何も明らかにされていない**ということだ。

あくまでも、女性を取り囲む背景の色を赤にすると、魅力度の（特に性的な魅力度の）評定値が上がる、というものに過ぎない。ワンフレーズ心理学の「赤でモテる」は、**背景色の効果に過ぎないものを服の色にまで広げているし、魅力度の評価が上がるという事実を「モテる」という曖昧な言葉に置き換えている**。服の色が、背景色と同じ効果を持つかどうかは、厳密にいえば実験では確かめられていない。

さらに、性的な魅力度が上がることとモテることとは、直感的には連結しているように思えるが、決して同義ではないだろう。

このように、ワンフレーズ心理学は、**科学的に真っ当で正しい表現から大きく逸脱し、世間一般の人により訴えかけるような簡便な形に変換されてしまっている**。この点、賢明な読者の皆さんはくれぐれも忘れないでほしい。

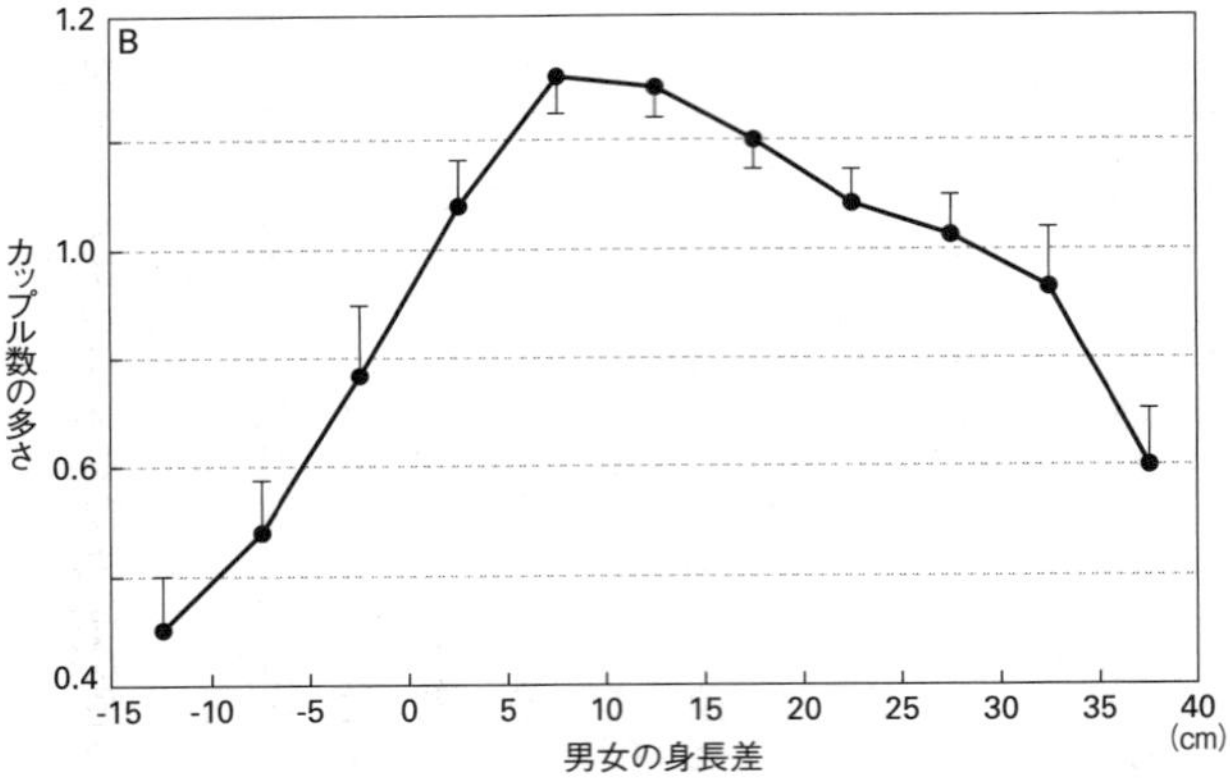

図３　男女カップルの身長差の分布

Gert Stulp, Abraham P. Buunk, Thomas V. Pollet, Daniel Nettle, Simon Verhulst (2013) Are Human Mating Preferences with Respect to Height Reflected in Actual Pairings? PLOS ONE, 8, e54186.

自分より５～10センチ背の低い女性を口説け！

２０１２年に「プロスワン」という学術誌に、１万２５０２組ものランダムに選ばれた男女のカップルの身長に関する研究論文が掲載された。恋愛をしている男と女の身長差はどれくらいが一般的なのかを科学的に明らかにした心理学の論文である。

その結果、男女の身長差とカップル数の分布は図３のような結果になった。

グラフの縦軸は、簡単にいえばカップルの数の多さで、上に行くほどカップルの数が多くなる。横軸は、男性の身長から相手の女性の身長を引いた値である。男性の方が女性よりも背が10センチ高ければ、10となり、反対に10センチ低ければ-10となる。

このグラフから明らかなように、男性の方が5センチだけ高いというカップルの数が最も多く、次に10センチ高いカップルが多いという結果になっている。そこをピークに身長差が大きくなるにしたがって、カップルの数は減っていく。

さて、この研究をワンフレーズに変換すると「男性の方が5〜10センチ、女性より身長が高い男女のカップルが最も多い」となる。しかし、それでは一般ウケしないだろう。一般ウケするために以下のような極端化がなされることが想像できる。

「自分より5〜10センチ背の高い男性が落としやすい！」

「自分より5〜10センチ背の低い女性を口説け！」

ここに「なんちゃって心理学」「ワンフレーズ心理学」が誕生するのだ。

この「なんちゃって心理学」を真に受けた男性のAさんには、好意を抱いているハルカさんという女性がいる。調べてみると、ハルカさんは自分よりちょうど7センチ背が低いことがわかった。Aさんは「やった！　心理学的にはばっちりだ!!」と嬉しい気持ちになる——。

Aさんがおろかな理由

今、読者の皆さんは、Aさんのことを「なんておろかな」と思っているだろう。なぜAさんのことをおろかに感じるのか？

理由は大きく2つある。

まず、先の論文では、カップルの身長差のピークが5～10センチであることは明らかにされているが、身長差が5～10センチであれば告白を受け入れてくれるという反対方向の因果関係は証明されていない。普通に考えて、身長差が5～10センチあることがモチベーションになって付き合い始めることなどないだろう。

ワンフレーズ心理学、なんちゃって心理学の怖さはここにある。データをワンフレーズに落とし込む段階で、なんらかの科学的な適切さが失われてしまうのだ。

しかし一般の人は、元の論文やデータにあたれる機会はほとんどない。そのため、**マスコミがどのように「いいかげんに」ワンフレーズに落とし込んだかを知るすべがないのだ。**

今回、皆さんがAさんのおろかさに気がつけたのは、私が心理学のデータをどうやってワンフレーズに落とし込んだのか、どういったズルがなされたかを把握しているからだ。この過程を知らなければ、Aさんのように踊らされることは十分にありうる。いや、実際にそういう場面が多々存在する。

Aさんがおろかに感じられるもう一つの理由は、「身長差の他にも重要な要因がたくさんあるだろう」と我々が自然に感じるためである。

例えば、Aさんの容姿はどういったものなのか。身長差が適切だとしても、Aさんがブサメンでハルカさんが超絶な美女だった場合、Aさんに勝ち目はほぼないではないか。そのように我々は感じるだろう。

他にもAさんの年収や身分、ハルカさん側のそれらについての情報、Aさんの気だての良さや、ハルカさんとのこれまでのやりとりの経緯など、ありとあらゆる情報を加味した上で、Aさんがハルカさんに告白して成功するのか、失敗するのかが決まってくる。

皆さんは当然そう考えたはずだ。だからこそ、身長差がピッタリだからうまくいくかもしれないとAさんが考えた様が、短絡的すぎておろかに感じられたのである。

科学であることのジレンマ

ワンフレーズ心理学のもう一つの大きな罠は、まさにここにある。つまり、ある特定の項目に絞れば成り立つ法則でも、実際の人間の生活場面にはもの凄い数の他の項目の影響（心理学の専門用語では剰余変数という）があるため、一つの項目に絞って話を紡ぐこと自体がナンセンスなのだ。

「赤い服でモテる」という法則は実験場面では成り立つが（厳密には服の色ではなく背景色）、いざ合コンの場に出ると、服の色だけでなく容姿、性格、会話の中身、相手の容姿、身分や性格、その他無限ともいえる項目の影響があるため、常に「赤ならばモテる」かといえば、そうとは全くいい切れないのである。

実験場面では、コンピュータの画面上に女性が出てきて、その人物の服の色（厳密には服の色ではなく背景色）が赤だったり、緑だったりと、服という項目に絞って、変化が起こるだけである。その画面上の女性の性格、身分などは被験者には一切わからない。ましてや、その女性との会話もできない。そうすることで、服以外の項目から受ける影響を最小限にしているのである。

これが、実験心理学が科学たりうるゆえんである。この操作、つまり変化する項目を服の色だけに絞ることで、モテた効果が赤い服のためだと断定できるように、徹底して状況を整えるのである。しかし、現実場面ではそういう状況はありえない。

心理実験では、状況を極めて特殊なものに固定して、一つの項目のみを変化させ、その変化の効果を測定する。これは科学の常套手段である。

例えば、化学の薬物の反応実験で、溶液AにBを足して起こる反応を見る場合、ABの二つの溶液はできるだけシンプルな状態、他の要素を排した状態で行う。溶液Aの成分が実は3パターンあったとしたら、どの成分が反応を引き起こしたのかがわからない。また、溶液Bに大量の不純物があれば、やはり効果の特定ができない。実験では、効果の原因をはっきり特定するために、考えられる邪魔な要素は捨てておく。これを科学の専門用語では、「剰余変数の効果をできる限りなくす」という（特に心理学者は、この作業のことを「剰余変数の効果をなくす（削る）」などという）。

心理学の実験もこれと全く同じである。服の色の効果を見たいときには、それを着ている女性の他の邪魔な要素（性格、身分など）はできうる限り排除しておくのである。

しかし、現実場面はごった煮の状態でしか存在しない。赤い服の効果だったのか、会話がうまく弾んだためなのか、自分の容姿が相手の好みとマッチしたのか、合コンに正解はない。

自分より5センチ身長が高いサトシ君は、実はもの凄く小さい女性フェチかもしれないし、自分より身長が7センチ低いハルカさんは、190センチ以上の男性にしか興味がないかもしれない。さらにサトシ君は、童顔マニアかもしれないし、ハルカさんは小麦色の肌のフェチかもしれない。さらにさらにサトシ君は京都弁女子にドハマりしているかもしれないし、ハルカさんは坊主フェチかもしれない。それが現実の厳しさ、複雑さであり、実験場面との大きすぎる違いなのである。

したがって、ワンフレーズ心理学は常に成り立たない、と考えておくのが賢明な判断であり、正解だと私は思う。

心理学の科学としての面白さをどう伝えるか

世間に発する心理学のメッセージをより面白くしようと思えば、本章で細かく紹介した、実験の手法・手続きの説明などは省かざるを得ない。そして、平均値であることを説明せずに、つまり、心理学の科学として正しさを大きく損ない、一般社会にウケのよいメッセージである「赤はモテる」だけを伝えるという事態に陥る。これまで、テレビやマスコミに登場した多くの心理学者は、社会の要望に沿ってそういう言説を繰り返してきた。

面白いメッセージのために、ゆがめられ続けてきた心理学。そのために、皆さんの多くは「心理学はうさん臭い」という誤解をうっすらと持っているように思う。

伝え手側と、受け手側の双方に努力を強いるが、科学的にきちんと伝えたとしても、心理学の面白さは確実に残ると私は思っている。科学としての真っ当さを保った上で、いやむしろ、保つがゆえの心理学の真の面白さというものがあるはずだ。21世紀の心理学者は、科学としての心理学の面白さを広く啓蒙していくべきであり、ワンフレーズのノウハウ本からは撤退するべきだろう。面倒な手続き、方法論を知ることは、ワンフレーズの「赤はモテる」という言説に重みと圧倒的な幅を持たせることができ、それこそが心理学の醍醐味だと私は思っている。

ビジネスの匂いをまとっていることも、ワンフレーズ心理学のうさん臭さを助長している。ワンフレーズ心理学は、社会の要望によって作られているが、そこには「金」の匂いがつきまとう。血液型診断で大もうけしている人物、心理マネージングと称して一般人から金を巻き上げている輩がごまんといるようだ。本書は、そういった科学のテイを成していない心理学からは一線を引いている。しかし、多くの方にとっては、何が科学的な心理学で、何がビジネス的な心理学なのか区別がつかないだろう。

この嘆かわしい事態を解消するために、今こそ、科学として面白い心理学を世に伝えていかねばならない。その役目の一端を私が担いたい。

そこで、**本書では世にはびこる怪しい心理学を片っ端から斬っていく**。ただ斬ることが目的ではなく、怪しい心理学の中に確実に存在する科学的な部分は認め、それを正しく理解してもらえるように説明したい。読後に、心理学って凄いんだな、と思っていただければ、著者としては最上の喜びである。心理学に求めていいもの、悪いものが理解できれば、今後、世にはびこるワンフレーズ心理学についても正しい姿勢でその真偽を問うことができるだろう。

1章　合コン必勝法はなぜ失敗したのか？

自分より太った子だけを集めよう——エビングハウス錯視

A子は2週間後に、人生を左右する合コンを控えていた。その合コンは、相手の男性陣が医者や青年実業家ばかりなのだ。絶対に成果を得たい。そのためA子は、無理なダイエットに励みだす。

はじめの2日はみるみる体重が減り、一気に2キロも減量に成功した。しかし、3日目、4日目、体重は停滞してしまった。5日目、6日目、反動で炭水化物を大量に摂り、体重がもとに戻ってしまった。困った、あと1週間しかないのだ。しかしラスト1週間、思うような体重の減少は果たせなかった。

合コン3日前、A子は名案を思いつく。そうだ！　私の隣に座る2人の女子を太った子にすればいい！　そうすれば、対比効果で私は痩せて見えるはずだ!!

A子は数年前まで大学の心理学部に在籍していた。そこで、**エビングハウス錯視**という錯覚を学んだことを思い出したのだ。

円を描き、その周囲を、その円よりも大きい円で囲うと、はじめに描いた円は実際のサイズよりもぐっと小さく見える。反対に、中央に描いた円よりも小さな円で中央の円を囲うと、はじめに描いた円は実際のサイズよりもぐっと大きく見える。この目の錯覚のことをエビングハウス錯視と呼ぶ（図1）。

100円玉の周囲を5枚ほどの500円玉で囲むと、その100円玉はとても小さく見える。100円玉の周囲を1円玉で囲むと、反対にその100円玉はとても大きく見える。卒業してからも飲み会の席で、A子はこのネタを使っていた。

よし、これだ！　この錯視を来るべき合コンで活用しよう！　これこそが活きた心理学に他ならない。A子はそう決心し、かなり太めの女子を2人、なんとか用立てた。

そして、いざ勝負のとき。A子は巧みなフィールディングによって、太めの2人に挟まれた席を見事にゲットした！

……しかしながら、A子は勝利できなかった。B子はBMWに乗って帰って行ったのに

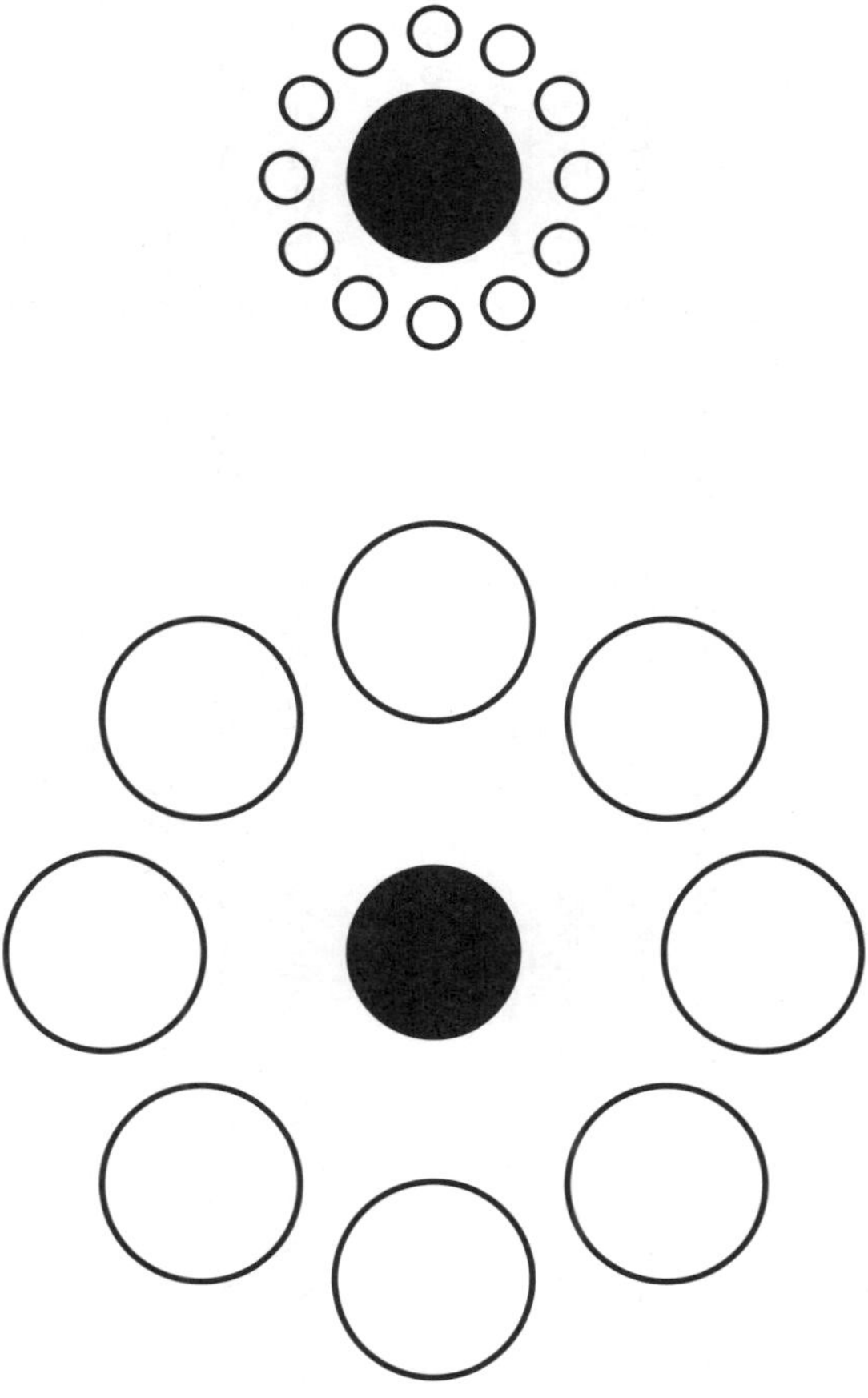

図1　エビングハウス錯視。中央の黒い円の物理的な大きさは全く同じ

……。

なぜA子は失敗したのだろうか？

作戦通り、A子は痩せて見えていたはずである。エビングハウス錯視は確実に起こったはずだ。にもかかわらず、なぜ彼女は相手から選ばれなかったのだろうか？

敗因は、A子の心理学の知識が、大学を卒業した2013年でストップしていたためである。2014年に、恐るべき論文が発表されていたのだ。その内容をここで紹介しよう。

えげつない論文

ここまでのカバーストーリーは、かなり男尊女卑的だったし、えげつない内容だった。女性の読者には、非常に申し訳ない。ただし、これから紹介する論文をより実感を込めて理解してもらいたかったので、あえて、女性からの批判を覚悟でえげつないカバーストーリーに仕上げてみた。そもそも、論文の中身が非常にえげつないのである。ぜひ覚悟して読み進めてもらいたい。

イギリスのニューキャッスル大学の脳科学部門の女性教授で、まさに才色兼備といった研

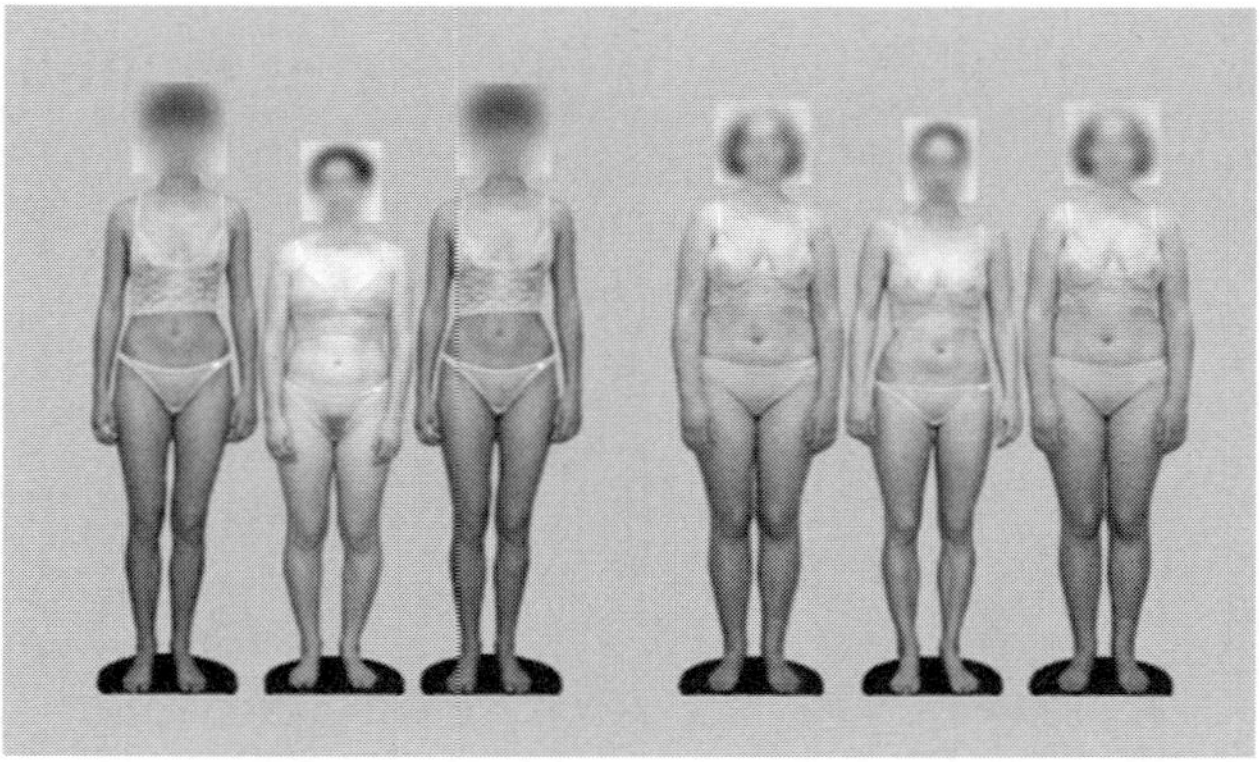

図2　実験で提示された6名の様子（口絵2ページ上も参照）

Melissa Bateson, Martin J. Tove, Hannah R. George, Anton Gouws, Piers L. Cornelissen (2014) Humans are not fooled by size illusions in attractiveness judgements. Evolution and Human Behavior, 35, 133–139.

究者の、メリッサ・ベイトソンが中心になり、2014年に「エボリューション・アンド・ヒューマン・ビヘイビヤー」（直訳すれば、進化と人間の行動）という学術誌上で発表した論文は、我々に非常に恐ろしい知見を突きつけてくる。

ベイトソンらは、まず女性の全身写真を18人分集めた。それらの写真では、プライバシーを守るために女性の顔をぼかし、服は上下のベージュの下着だけを着用していた。具体的には、図2（口絵2ページ上も参照）をご覧いただきたい。

画像に用いられた女性の平均年齢は20歳で、おおよそで20歳前後の年齢に絞っていた。事前に体重とBMIを計測し、BMIの大きさで3つの群に分けられていた。

ＢＭＩとは、近年健康診断の項目にも含まれており、説明不要かもしれないが、肥満度を表す指数である。体重と身長のバランスを算出した数値と思っていただければよい。ＢＭＩが25以上だと太め、30以上だと肥満と判定されてしまう。

論文では、ＢＭＩが18・4－19・2の6人のグループを低体重群、22・0－22・7の6人を中体重群、25・3－26・7の6人のグループを高体重群とした。

なお、極端に背が高いないし低い女性は、この18人の中には含まれていなかった。つまり、全員が概ね同じような体格で、太っている程度だけが操作されていたのである。

実験では、まず中体重群に選定された6名のうち、2人を一つのペアとして、考えられる全ての組み合わせを作った。6人から2人を選ぶので、全部で15通りの組み合わせになる(数学的には、6C2＝15である)。この2人の女性の画像をターゲットと呼ぶ。

もう一度図2を見てもらいたい。

この2人のターゲットを、画面の中央から互いに少し離して配置する。そして、この2人のターゲットの左右の空間に、低体重群の2人か高体重群の2人を並べて配置する。つまり、普通の体重の2人が、痩せた2人ないし太った2人に囲まれる状況を作ったのである。

実験者の意図は次のようなものだ。

太った2人に囲まれると、普通の体重の人は痩せて見え、より魅力的に見えるだろう。痩せた2人に囲まれると、普通の体重の人は太って見え、魅力的に見えなくなるだろう――。

画面には、全部で6人が登場した。ターゲットの2人とそれぞれの左右を囲む2人が2組だ。左右を囲む2人のバリエーションは4パターン。つまり両組ともに、高体重ないし低体重という配置の2パターンに加えて、右ペアが低体重で左ペアが高体重、その逆の右ペアが高体重で左ペアが低体重の2パターンである。

被験者はこのすべての組み合わせ（60通り）の画像を見て、判断を求められた。

実験1では、被験者は男女ともに30人ずつの60人。彼らは、左右のターゲット女性のうち、どちらがより太っているかを判断し、ボタンを押して回答した。

実験2では、男女48人ずつの96人が参加し、今度は、左右の女性のうち、いずれがより魅力的かの判断を行った。

被験者は、2人のターゲット女性に差がないように感じても、無理してどちらかを選ばねばならなかった。こういう手法のことを心理学では「2肢強制選択法」と呼ぶ。

ターゲットの2人の女性は、非常に狭い幅のＢＭＩで選別された中体重群である。そのため、どちらが太っているかという判断は難しい。また、顔はぼかしてあり、服もベージュの下着だけだから、どちらがより魅力的かと訊かれてもなかなか判断しづらかっただろうと想像できる。

しかし、彼女たちは太った人か痩せた人に囲まれている。もし、エビングハウス錯視のような現象が起こるならば、太った女性に囲まれたターゲットは、痩せた女性に囲まれたターゲットよりも、「痩せている」と判断されるはずである。そしてもし、痩せて見えるならば、その女性はより「魅力的」だと判断される可能性が高いだろう。

これが、論文の著者らの仮説だった。

著者らは、ボタン押し行動による判断の取得と同時に、被験者の視線の動きを特殊な測定器で記録し、被験者が判断を下す際にどの辺りをよく見ていたかについて、同時に明らかにした。

魅力度は錯覚で騙せない

実験の結果を非常に簡単にまとめると、実験1の「どちらがより太っているか?」の判断については、明確にエビングハウス錯視が起こった。つまり、太っている人に囲まれたターゲット女性は対比効果で痩せて見え、痩せた女性に囲まれたターゲット女性は太って見えたのである。

ここまでは、A子の思惑はまさにドンピシャであり、作戦通りだった。

しかし、ここからが重要だ。実験2の「どちらがより魅力的か？」の判断では、錯覚的に痩せて見えようが、太って見えようが、全く効果がなかった。つまり、**どんな人に囲まれても、ターゲットの魅力度は常に一定で不変だったのである。**

このことは、大変な驚きである。見た目の太り具合は、錯覚で確かに変わった。しかし、魅力度にはなんの変化も起こらなかった。錯覚で痩せて見えたとしても、魅力的にはならない。同様に、錯覚で太って見えても、魅力度は低下しない。この結果は、判定者が男であっても女であっても、全く同じだった。

視線計測の結果はどうだったか。

実験1の太り度の判定の際には、被験者はウエストを最も長く注視していた。一方、魅力度の判定の際には、ウエストではなく胸から顔にかけての上部に注視時間が偏っていた。被験者は、課題ごとに見る場所を変えていたことになる。つまり被験者は、体型と魅力とでは異なる戦略・方略で判断していたのである。

では、見た目の太り具合は錯覚で騙されるにもかかわらず、なぜ魅力度は騙すことができないのか？

著者らは、人間の進化に理由があると考えている。

人間の性選択、つまり、誰と子供を作るかの選択は非常にシビアである。自分の遺伝子を少しでも広く、より多く残したいという本能に導かれて、激しい戦いを何万年もの間、人間は繰り返してきた。その中では、多くの「騙し騙され」が繰り返されてきたはずである。例えば、化粧などはある種の騙しのテクニックだ。昨今では、整形もその極端な例といえるだろう。さらに、整形も化粧も女性の専売特許だった時代はとうの昔に終わり、現在は男性の多くもそれらに手を出している。

今回の、太った人に囲まれるという戦略も明確な騙しのテクニックであり、A子の作り話に留まらず、実際にそれを試みた人は何万年という歴史の中で何人もいただろうと想像される。人間は、そういう歴史の中で少しでも騙されないようにと心を進化させてきた。よって、この実験でも、無意識のうちに錯視で痩せているように見えているだけであることに気づいているのだろうと論文の著者らは考えている。

なんとも、世知辛い話である。**恋のいかさまを、脳は見破ってしまう**のである。A子の作戦は、視覚的には成功したが、進化した我々の脳、「恋の心」を騙すほどには洗練されていなかったのだ。人間の凄さ、進化の力の凄さを切に感じる。本当に凄い。

実験こそまだないが、この論文の結果は、必ずしもサイズ（太っているかどうか）だけに当てはまるものではないだろう。

例えば合コンには、幹事最強説というものがある。つまり、幹事よりも美人や美男は来ない（呼ばれない）という法則だ。

自分より美しくない同性に囲まれれば、対比効果で自分がより美しく、魅力的に見えるはず。反対に、自分より美しい人がいると、自分はより低く見られてしまう――。幹事はこう考えるのだろう。あえて、地味子ばかりを周りに配置している派手系女子も多数いると耳にする。

しかし、この作戦もおそらく実を結ばないだろう。それは、本章のここまでのロジックを理解すればわかるだろう。いくら視覚的には騙せても、その人物の魅力度までは騙せないのだ。人間の性と心の進化、恋の進化は、我々の浅知恵など軽々と超えていくのである。

人によっては、かなりむなしい気持ちになるだろうか。否、私はむしろ人間の素晴らしさに感動すら覚える。だから、幹事の人は小細工をせず、容姿にかかわらずに幅広く声をかけるべきだろう。そうすれば人としての評価が上がり、いずれは素晴らしい出会いが訪れるに違いない。

実は男性はぽっちゃり女性が好き?

ここで、話を覆してしまうような茶々を入れたい。というのも、「**痩せている方が魅力的だというのはどこまで本当なのか?**」は、**必ずしもキチンとわかっていないのだ。**

現代の先進国ではモデル体型があこがれの頂点であり、モデルといえば、がりがりに痩せている。したがって、魅力的に見せるためには、痩せていた方がよい、というのは一見すると成り立つように思える。

だが一方で、男性は少しぽっちゃりくらいの女性の方が本当は好きだ、というような言説が、時折世を騒がせている。女性誌でも、「今ちょいポチャが熱い!」的な特集が頻繁に組まれている。私自身、痩せている女性よりも少し太っているくらいの女性の方が好みである。

進化心理学的にいえば、ぽっちゃりは健康状態が良いこと、育った家庭環境が良いこと、安産の可能性が高まることなど、子孫を繁栄させるために好都合なシグナルだという仮説も成り立つ。実際にアフリカの国々で、その国を代表する女優を並べてみると、あきらかにぽっちゃりしている。

したがって、通文化的に、痩せていることが魅力的だと思うわけではないのだろう。

私自身、かなり太めなので、なかなか痩せられない人の気持ちがよくわかる。だから、太めの方も諦めずにいてほしいと思っている。

やはり男性は痩せている女性に魅力を感じる

だがしかし、ここで悲報を伝え、もう一度話を転覆させねばならない。世の男性の「ぽっちゃりが好き」「少し太いくらいがよい」は心理学的なデータからは支持されない。それどころか、男はやはり太っていない女性の方がいいようなのだ。

これについて論文を一つ紹介しよう。

１９９３年に「ジャーナル・オブ・パーソナリティ・アンド・ソーシャル・サイコロジー」に掲載された論文が面白い。タイトルは「女性の体格の魅力度：ヒップ－ウエスト比の役割」というものだ。

図３を見てほしい。

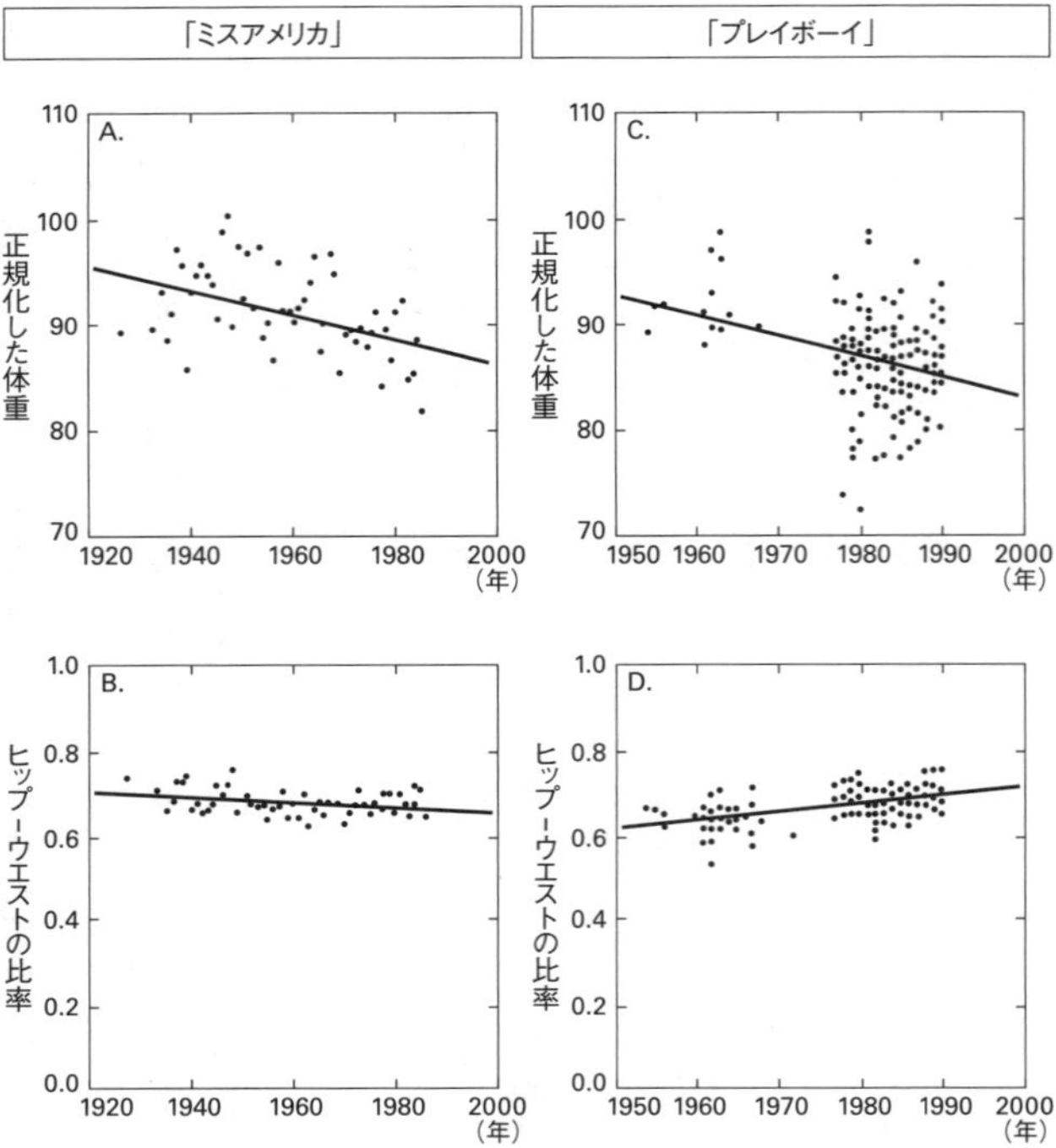

図3　ミスアメリカと、「プレイボーイ」に登場した女性の体型の推移

Devendra Singh (1993) Adaptive Significance of Female physical attractiveness: role of waist to hip ratio. Journal of Personality and Social Psychology, 65, 293-307.

左の2つは過去のミスアメリカの体型を示し、右の2つはアメリカの男性誌「プレイボーイ」に登場した女性の体型を示している。上の2つは体重を（ベースに正規化した値を）示し、下の2つはヒップ－ウエストの比率を示している。横軸は時代の推移で、1920年代から1990年代までの流れを示している。

まず理想体重は、近年になるにつれて少しずつ減少していることが見て取れる。つまり、男性は昔の方が「ぽっちゃり系」を好んでいたことになる。現代に至るにつれて、より「痩せた」女性が好ましいと思われるようになったのだ。

一方で、ヒップ－ウエストの比率は時代を通して一貫して0・7あたりにとどまり、全く変化していない。いわゆる「ボン、キュ、ボン」が男性の理想なのである。近年に至っては、より痩せているにもかかわらず「ボン、キュ、ボン」が望まれるのだから、女性にかかる重圧は過去に比べてより大きくなっていることが想像される。

つまり、男性が言う「少しくらい太っていた方がよい」は、決して体重のことではなく「体型をヒップ－ウエスト比0・7に近づけてくれ」という意味のようなのだ。非常に恐ろしい言説である。女性はくれぐれも騙されないでほしい。

この論文では、もう一つ男性の恐ろしい本音が明らかにされている。

図4を見てほしい。

左から右にかけて、ヒップ－ウエスト比が4段階に異なる女性の絵が描かれている。最上段は痩せ型、中段は一般体型、下段は太め体型である。

これらの絵を被験者に見せて、お付き合いしたい女性を選ばせるという、とんでもないド直球な実験が行われた。顔と髪型は全く同じで、操作されたのは体型のみ。この操作を実現するために、実験では写真や、写真を加工したものは使わず、線画が採用された。

さて、その実験の結果が、図5のグラフである。

ヒップ－ウエスト比が下に振ってあり、一番左の4つは痩せ型、真ん中が一般体型、右4つが太め体型になっている。バーが上に伸びるほど、男性はその女性の絵を恋人として相応《ふさわ》しいと判断したことを意味し、下に伸びるほど、恋人として相応しくないと判断したことを意味する。

結果を見ていこう。

まず右4つのグラフだが、全て下向きにバーが伸びている。つまり、太め体型の女性は、理想の恋人の体型として選ばれることが全くなかった。世の男性の本音は、「太めはナシ」なのだ。

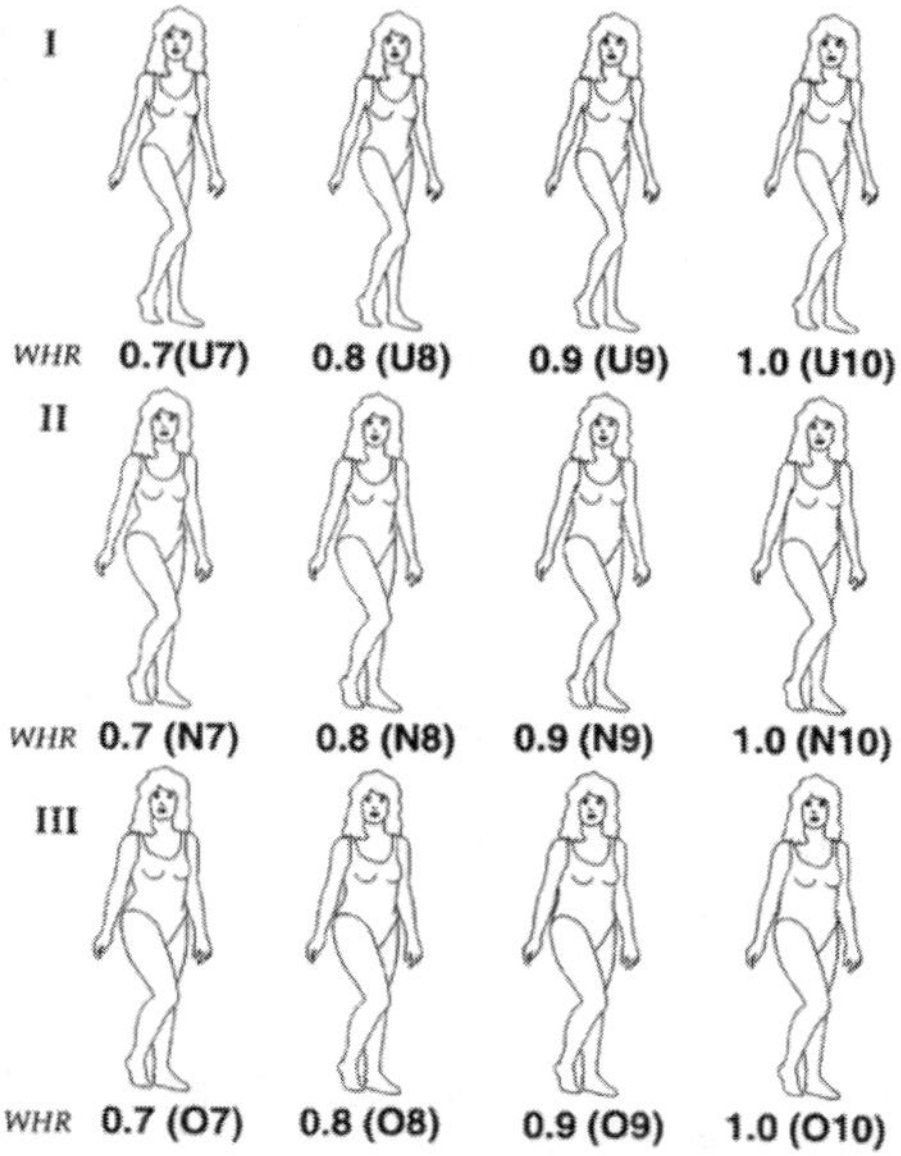

図4　上段は痩せ型、中段は一般体型、下段は太め体型。それぞれ左からヒップ－ウエスト比は0.7、0.8、0.9、1.0になっている

Devendra Singh (1993) Adaptive Significance of Female physical attractiveness: role of waist to hip ratio. Journal of Personality and Social Psychology, 65, 293-307.

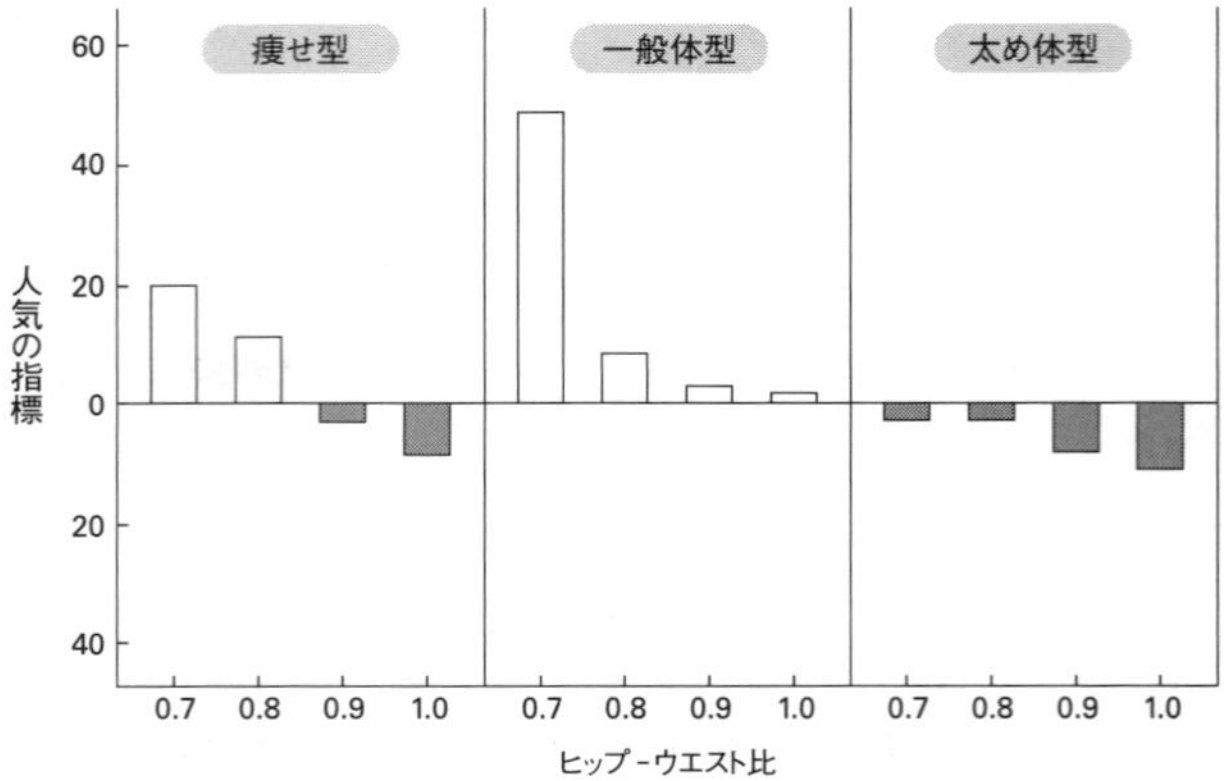

図5　人気は痩せ型、一般体型に集中。さらにヒップ-ウエスト比が0.7の女性が最も理想の恋人の体型として選ばれている

Devendra Singh (1993) Adaptive Significance of Female physical attractiveness: role of waist to hip ratio. Journal of Personality and Social Psychology, 65, 293-307.

人気は痩せ型、一般型に集中している。さらに、ヒップ－ウエスト比が０・７の女性が最も頻繁に理想の恋人として選ばれることがわかった。つまり男性の本音は「一般体型でくびれがしっかりある女性が最高によい」というものだ。身もふたもないことだが、それが現実なのだ。女性の読者の方は、くれぐれも肝に銘じていただきたい。それが男性の平均的な意見なのである（もちろん、平均値の科学だから、例外に思いを馳せていただくことは自由である）。

エビングハウス錯視では心の奥底を騙せない

話を少し元に戻したい。

エビングハウス錯視を利用して、人間のサイズについて視覚は騙せても、我々の脳の奥底、無意識までは騙せないという事実は、実は本家のエビングハウス錯視についても当てはまる。蛇足かもしれないが、科学的にとても面白いので最後に紹介しよう。

グッデール教授という、脳科学と心理学の架け橋になるような素晴らしい論文をたくさん書いている先生がいる。彼のグループが、1995年に「カレント・バイオロジー」(直訳すれば、現代生物学）という一流学術誌で発表した論文を取り上げる。

エビングハウス錯視を被験者に提示し、円の見た目の大きさがどれくらいなのかを、コンピュータ上で円のサイズを変化させて測定すると、きちんと錯覚が起こっていることが確認できる。中央に提示された円は、それを囲う円のサイズに応じて小さく見えたり大きく見えたりすることが、データとしてはっきり示された。

しかしここで、被験者に「中央の円を、人差し指と親指でつまんでみてください」と指示する。指にはセンサーがつけてあり、指を開く大きさが測定できる。

もし、錯視通りに指を開くならば、小さく見えているときは指の開きも小さくなり、大きく見えているときは指の開きも大きくなるはずだ。しかし、実測してみると、指を開く大きさは、錯視の影響を受けず常に一定だった。

もちろん押さえの実験で、実際に少し大きい円と少し小さい円を用意して、それをつまむように指示すると、指を開くサイズは円の物理的な大きさに応じて変化したことが明らかになっている。しかし、錯視で大きくないし小さく見える円をつまむときには、錯覚が起こっていないかのように、一定のサイズで指を開き続ける。つまり、**目はエビングハウス錯視に騙されても、行動は騙されなかったのである。**脳の奥底、無意識では、エビングハウス錯視が起こっておらず、きちんと反応できたのだ。

この実験結果は、先述した、視覚的に体のサイズは騙すことができても、魅力度は騙されない人間の心の不思議と非常に似通っている。人間は簡単に騙される面と、全く騙されない強い面を同時に持った不思議な生き物なのだ。

このように、人間の視覚と行動には、多くの乖離《かいり》があり、非常に面白いテーマになっている。グッデールらは、視覚と行動の２つのレベルに脳の別々の部分が対応しており、ミスをしないようなチェック機構が何重にも設定されていると主張している。目は騙せても、体は騙せないといったところだ。このチェック機構のおかげで、我々は平穏で安全な生活が送れているのである。

もう一つ、グッデール先生の研究をごく短く紹介したい。

視覚障害者の中には、目が見えているかのような振る舞いができる人がいる。国から障害者指定を受け、目が見えていない人の中にも、不思議な第二の視覚、無意識の視覚を持っている人が一定数いることが、様々なテストからわかっている。

彼らに、自動販売機の硬貨入れのようなスリット（挿入口）を提示する。スリットの角度は、縦、横、斜めなど毎回変えて提示された。

グッデールは、視覚障害者の被験者に対して、「勘で結構なので、スリットの傾きを口頭で答えてください」と訊いた。すると全く正解できない。しかし、実際に硬貨を持たせて「スリットに入れてください」と伝えると、スリットと同じ角度になるように硬貨を持てる視覚障害者がいた。つまり、意識的には見えていないけれど、体を動かす系の脳はなんらかの方法でスリットの傾きを読み取っていたのである。

非常に驚きの研究結果である。

グッデールは、我々の視覚は、大脳皮質の視覚野を経由する情報の経路だけでなく、網膜から皮質下を経由して、大脳皮質の頭頂部に情報を伝える経路があり、そちらの経路が生き残っていることで、こういった不思議な視覚（彼らは盲視と呼ぶ）が存在するのだろうと推察している。

この話に興味を持たれた方は、グッデール先生の名著『もうひとつの視覚』が和訳されているので、ぜひご一読あれ。

本章では、合コンで小細工しても意味がないという話を皮切りに、男性の本音や、人間が小細工を見破る能力を進化の過程で身につけてきたことを論じた。人間とは、素晴らしく、そして醜い生き物である。だが、その醜さゆえに美しくもある。人間は素晴らしいものだ。

と、綺麗にまとめてみたが、もし次回合コンの幹事をなさる方がいたら、小細工はせずに自分よりも美形な友達をたくさん連れていってほしい。男女問わず。

2章　かならず相手に好かれる方法

とてもシンプルで心理学的にも正しい「好かれる」方法

大事な商談、大事なお見合いなど、人生の中には、ときに「はずせない」会合というものがある。そういった場で、相手に確実に好かれるにはどうすればいいのだろうか？

心理学を謳ったノウハウ本には、「笑顔で臨め」「ボディタッチを繰り出せ！」といった戦略が書かれている。しかし、そういう言説には、どれくらい科学的なサポートがあるのだろうか？

本章では、誰もが実践できるとても簡単な方法で、実際に論文でサポートされているものを紹介する。その方法は、難しいことを考えなくても、ただ機械的に実践すれば誰しも確実に好かれるという素晴らしいものだ。さらに、その妥当性は科学的に確かめられているので、絶対に効果がある。
本章で述べる「人に好かれる裏技」を繰り出せば、あなたも周りの人からより好かれることは間違いない。

フロイド（あの有名な夢判断のフロイトではない！）とエルバートが、2003年に「ザ・ジャーナル・オブ・ソーシャル・サイコロジー」（直訳すれば、社会心理学学術誌）に発表した論文に、その方法のヒントがある。

人から好かれたいなら、その相手と同じ姿勢、動作をすればよい。相手をよく観察して、その相手をなるべくまねる、それだけでよいのである。同時に、**相手に対してなるべく肯定的な態度を取れば、あなたはその人から確実に好かれるはずだ。**

フロイドらは実験で、10分間、2人きりで特定のテーマで会話をしてもらった。この2人はともに実験の被験者であり、十数組のペアを用意して、実験を行った。

このとき、一方の被験者の「話の聞き方」を操作し、2条件を設けた。

あるペアではどちらか一方が、相手に対して肯定的な態度を取る。一方の人が相手を見つめる、笑いかける、ボディタッチをする、顔を相手に向ける、身を乗り出して聞く、相手の前で手や足を組まない、相手の意見を否定しない、といったことを徹底した。

もう一つの条件のペアでは、ペアのうち一方がその反対になるように心がけながら、会話を行った。

この実験には、もう一つ別の２つの条件（ペア）があった。

そのうち一つのペアでは、ペアのうち一方が相手の姿勢、座り方などをできる限り「まね」る。会話参加者は、会話の相手の足、手、首、胴体などの向き、高さ、位置などをできる限りまねるようにした。もちろん、まねていることに気づかれると、実験であることがばれてしまうので、相手に自分がまねされていることに気がつかれないように、「まね」はできるだけ自然な流れで行ってもらうように心がけさせた。

もう一つの条件では、ペアのうち一方がその反対を行った。つまり、できるだけ体の向きや位置が同じにならないように心がけながら、対話を行ったのである。

整理すると、実験には２×２の４つの条件があった。相手に好意的・肯定的な態度で接する条件と否定的な態度で接する条件、相手をまねる条件と相手をまねないようにする条件の４つである。

実験者が集めてきた十数組のペアは、ランダムにこのいずれかの条件を割り振られた。

実験では、会話終了後に、会話の相手の好感度などの印象をアンケート用紙のようなもので取得した。その結果、**相手が自分に抱く「親密さ、親しみやすさ」は、肯定的な態度を取る条件で、その反対よりもずっと高くなった。さらに、親密さ、親しみやすさといった好意は、姿勢などをまねる条件でまねない条件よりもずっと高くなった**のである。

どんな人でも、身動きせずに話し続けることはない。我々は、無意識のうちに、手を口元に持っていったり、頭をかいたり、指をトントンと叩いたりしながら、会話をしている。これが大きなチャンスになる。相手に好かれたい、相手に好意を持ってもらいたいならば、自分も全く同じように動けばよいのである。

相手が、椅子に深く掛け直したら、自分も何気なく同じ動作で椅子に深く掛け直す。相手がぽりぽりと頭をかいたら、自分も間をおかず、ぽりぽりと頭をかく。これだけで、あなたはその人にぐっと好かれるのである。とても単純な方法ではないか。

この戦略が優れているのは、会話をうまく盛り上げるといった、**知的な努力が必要な難しい方法論ではなく、機械的で誰でも簡単に実践できる点だ。**相手が咳払いしたら、自分もコホンと言えばよい。ただそれだけだ。それだけでも、確実に相手から好かれるのである。

また、先に述べた「肯定的な態度」についても、はじめから自然にできなくても構わない。

はじめのうちはただただ機械的に、相手の胴体、顔の向きに正対することを意識する。笑顔を意識的に出す。可能な場面では積極的に相手に触れる。相手の目を見る。腕や足を組まない。「でも」や、若者が多用する「ていうか（てゆーか）」「逆に（逆にぃー）」などの否定的な単語を使わない。ただそれだけを徹底すれば、あなたは確実に相手に好かれるようになる。

オススメは「なるほど」「スゴイ」の多用である。

はじめのうちは、心がなくても形から入ればそれでいいだろう。猿真似からはじめれば十分だ。そして、これらの仕草、戦略を繰り返し実践し、普段から繰り出せるようになれば、自然とあなたの魅力は大きく上がっているはずだ。

ただし、この結果もあくまで平均値の科学である点を忘れないでほしい。個別のケースで見ると、ボディタッチを嫌がる男女も多い（特に日本の場合）。短絡的にマニュアルを実践せずに、ないしは短絡的にこのマニュアルが絶対に正しいと思わずに、個々のケースでは慎重な当てはめが必要になることも忘れないでほしい。

この方法をすでに実践している人たち

このマニュアル的な肯定的な態度は、多くのホストクラブのホストさんや、夜のお店のホステスさんが、入店時に学ぶものと同じ内容である。現場のノウハウがどういうものか、心理学者として、多数のカリスマホストや銀座のママたちのノウハウ本を読んで調べた結果、同じ内容が必ず書かれている。

個人的には、心理学を謳った怪しいノウハウ本よりも、彼らが書く本の方が信頼できるように感じている。というのも、科学者がマニュアルを作ると、科学としての真っ当さから外れたうさん臭さ、ビジネス臭が発生してしまう。一方で、はじめからビジネスとして作成されたカリスマホストのマニュアル本は、私にはむしろ潔く感じられる。

彼らは心の現場のプロである。心理学的に、科学的に正しいノウハウをいくらたくさん知っていても、それを実践の場で活用できるかどうかは全くの別問題である。

例えば、ボクシングの熱狂的なファンで、ボクシングについて膨大な知識がある人物がいるとする。でも、彼はボクシングを実際にした経験がゼロだ。このとき、彼がボクシングで闘ったら果たして強いだろうか？　答えは、ほとんどの場合「弱い」はずだ。なぜなら、知識と現場での訓練は全くの別物だからである。

これと同じように、心理学者は確かに知識を豊富に持っているが、それを活用する現場での経験は一般の人と大差ない。一方で、ホストやホステスは、現場での日々の実践の中から、自分自身で正解を見つけている。

特にお勧めなのは、クラブ「愛」のオーナーで伝説のホスト王、愛田武さんの著書だ。愛田さんのノウハウは、心理学者としてほれぼれするものばかりである。ぜひご一読いただきたい。

努力は報われるという心理実験

私は心理学マスターの一人だが、根っからの人見知りであり、人付き合いはとても苦手だ。飲み会の席で「妹尾さんは人見知りですね」とか「妹尾さんは目を見て話しませんね」などと嘲笑されたことも多々ある。「心理学者なのに」という嘲りがそこにはあるように感じる。「人見知りだからこそ心理学者になったのだ」と言いたい気持ちをぐっと抑えてへらへら笑っている。

一見すると才能や本能が大事そうに見える人付き合いだが、実は、**人付き合いも努力で改善できる**という論文がある。

その論文を紹介する前に、一見すると関係ない話をしてみたい。

努力は必ず報われるという心理実験の紹介である。

「陰で努力していれば、誰かがそれを必ず見ている。だから、腐らずにがんばりなさい」

こういった言説は、親から子、先生から学生に対して繰り返し行われる。

しかし、これは本当なのだろうか？　陰の努力は本当に誰かに伝わるものなのか？

心理学実験の結果、この言説はどうやら正しいことが明らかになっている。

モラレスという著名な心理学者が、「ジャーナル・オブ・コンシューマー・リサーチ」（直訳すれば、消費者研究雑誌）という学術誌でこんな実験を報告している。

モラレスはまず、コンビニのような小売店を模した実験室を作った。その小売店は、商品の配置の仕方に2条件あり、一つはたくさん努力して商品を細かく丁寧に並べた条件、もう一つは努力せずに、最低限の商品の配置しかしていない条件だった。もちろん被験者は、商品の配置について努力の程度が異なる2つの条件があることは全く知らなかった。

被験者は小売店に入り、商品を確認した後に「いくらまでならこのお店でお金を使ってもよいと思いますか？」と質問された。

その結果、被験者は店側の努力の程度について意識的に気がついていないにもかかわらず、商品配置に十分な努力がなされている条件では10・5ドルまでなら使うと答え、商品配置に何の努力もしていない条件では8・2ドルまでしか使わないと答えたのである。

この結果は、**顧客は無意識であっても、店側が努力しているかどうかを正しく感じ取っている**ことを意味している。店側の努力は必ずお客に伝わり、その効果が如実に現れるのだ。努力しているお店や人に対して、それを感じた相手はその努力に応じようとする心の働きを持っている。陰で流した汗は、決して無駄にはならないのである。

人見知りでも、人付き合いは努力で改善できる

これと全く同じことが、人間関係や人付き合いについてもいえるようなのだ。つまり**人付き合いも、努力や流した汗で好転するのである。**

私自身、これまでの人生で「あの人は、なぜ周りから好かれているのか?」「自分にはなぜ人気がないのか?」と何度も思ってきた。人気者は根が明るく楽しそうで、羨ましく見える。しかし、人気者が人気なのは、その人気を支える努力を惜しまずにしているからなのだ。決して、生来の人気があるわけではない。このことを如実に示す研究を紹介しよう。

イギリスのエルウィンが、1993年に「ザ・ジャーナル・オブ・サイコロジー」(直訳すれば、心理学学術誌!)に掲載した論文では、人気のある子供と、人気のない子供では、人気を取るための努力行動の量が全く違うことを明らかにしている。

実験では、同じクラスで生活している、26名の5、6歳児童を被験者とした。

はじめに、彼らにインタビューを行った。

「クラスの中であなたは誰と一番仲が良いですか?」とか「クラスの中であなたが好きな人は誰ですか?」といった質問をして、名前の登場頻度などを算出し、それを参考にして26名全員の人気の程度を数値化し、序列化した(かなりえげつないことをしたものだが)。

その後、そのクラスの自由時間の様子をビデオに録画し、それぞれの子供の行動を漏れなく記録した。

次に、そのクラスとは全く無関係な、バイトとして雇った大人の評定者にそのビデオ画像を見てもらい、子供ごとにどういった行動を何回行ったかを解析してもらった。例えば、友達と交流せずにたった一人でぼんやりしている回数が何回あったか、友達から感謝されている回数が何回あったか、といったことを数えあげたのだ。

そうして、先ほどの序列をもとに、人気上位4名の子供と、人気下位4名の子供をそれぞれ一つのグループとしてまとめ、さまざまな行動の出現頻度を比較した。

その結果、一人ぼっちになっていた回数は、人気上位グループでは平均7・25回だったが、下位グループでは平均14・75回も計上された。この差は**統計的にも有意味**なものだった。

なお、統計的に有意味な差という表現は、データを数学の手法で解析した際に、2つの条件の間の数値的な違いが、偶然レベルではない差を持っているという意味である。科学的に厳密な表現では**「統計的に有意」**という。この統計的に意味のある差は、データのサンプルの数や、数値のばらつきによって毎度毎度異なるものであり、数値自体の絶対値としての差の大きさだけで決まるものではない点に、留意してもらいたい。

話を戻そう。

さらに面白いことに、人気上位グループでは、他の子供とのポジティブな交流が平均3回生じていたのに対し、人気下位グループでは、なんと0回だった。そもそも、子供間の関係を深めるような交流の回数が、人気上位グループでは3・34回生じていたが、人気下位グループでは、1・98回しかなかった。

このデータからはっきりしたことは、人気者が人気を得ている理由は、他者と積極的に交流しており、ポジティブな関係を築く努力を自分から行っているということだ。**人気を得るための努力、陰の努力は、他の子供にしっかり伝わっており、努力の対価としてはじめて人気者になれるのである。**

先に説明したように、人間には他者の努力を鋭敏に感じ取る能力が備わっている。そのため、努力すればその分だけ、自分の人気が上昇する。人気を博すための努力は、必ず周囲の人に伝わり、その努力は高い返報性を持っていて、必ず自分に戻ってくる。**人気者の秘密は、努力なのだ。**

自分は好かれない、自分は人気がないとすねていたら、いつまで経っても人気は得られない。**自分から相手に対してポジティブに接していく。その積み重ねが人気者への最短の近道なのだ。**

「ポジティブに接するといわれても、具体的にどうすればよいのだ⁉」とおっしゃる皆さん。本章の冒頭の話を思い出してほしい。機械的にポジティブな態度を取る方法をすでに紹介したはずだ。

相手に正対する、目を見る、可能な限り体に触れる、手と足を組まない、相手の行動をまねる——これらが答えだ。**心がこもっている必要はない。上っ面だけでも、これらの行動には効果がある。**皆さんにはすでに答えが提示されているのだ。

因果関係の矢印は、逆に成り立つこともある。つまり、ポジティブな働きかけを多くしているから人気者になった、という矢印の逆、人気者だから多くの人にポジティブな働きかけができる、というケースも考えられる。この点については、少しだけ留意しておいていただきたい。

矢印の向きについては、断定的なことはいえないが、もしあなたが人気者になりたいならば、「何も対策しない」よりは「ポジティブな働きかけを意識して多めに繰り出す」努力をする方がよいのは間違いないと私は思っている。

一流のホスト・ホステスの方は、皆これを実践している。同性への人気だけではなく、異性への人気、すなわち「モテ」もこれが王道的な戦略になるのは間違いない。

「モテ」るためには、心理学の知識を蓄えることよりも、現場、実践のプロから話を聞いた方がよい。お勧めの本は、水野敬也著『LOVE理論』である。2015年春にはドラマ化もされており、私は欠かさず見たが、心理学者が驚嘆するようなノウハウばかりでとても勉強になった。

「モテ」たいなら、心理学に走るだけでは絶対に駄目だ！　**知識よりも、行動、実践が大事だということ**をここにもう一度強調しておく。

「うわっつらKINDNESS理論」は心理学的にも正しい

ここまで、心理学の研究をもとに、上っ面だけでもポジティブで親切に振る舞えば人気が得られるということを皆さんに教示した。

この理論、前記の『LOVE理論』では「うわっつらKINDNESS理論」として提唱されている（例えば「女性と道を歩くなら、とにかく機械的に車道側を歩け！」など）。『LOVE理論』恐るべしである。

上っ面であっても、ちょっとした親切な気持ちは人生を好転させる。このことはすでに心理学で証明されている。

リンドとボーディアが、1995、1996年に連続して面白い実験をしている。

あるレストランを実験の場として使い、食事を終えたお客にレシートを渡す。95年の実験では、レシートに「ありがとう！」と手書きで書くか書かないかの2条件を比較し、96年の実験ではレシートに笑顔マークを手書きで書くか書かないかの2条件を比較した。

その結果、どちらもほんのちょっとした親切心を示した条件、つまり、**「ありがとう！」と書く条件と笑顔マークを書く条件で、チップの額が増え、チップがもらえる頻度も上がったの**である。

スターバックスやタリーズコーヒーは、おそらくこのことを知っていて、カップやレシートによくメッセージを書いてくれる。

リンドらは1999年にもう一つ実験を行っている。その実験は、ノースニュージャージーのとあるレストランで行われた。

そのレストランで過去2年働いていた20代の女性が、食事を終えたお客にレシートを渡す際に、メッセージを添えるか添えないか、という2条件を比較する実験だった。

メッセージは、ちょっとした親切心を感じさせるお店の宣伝で、「○日から（実験日に合わせて日付が変わる）スペシャルディナーが始まります。おいしいシーフードを揃えます。ぜひ来てくださいね」というものだった。

このメッセージを添えた場合、チップをもらえる確率はおよそ20％だった。一方で、メッセージを添えない場合、チップがもらえる確率はおよそ17％だった。わずかではあるが、有意味な差が生じていたのである。つまり、なんでもよいので、温かみのあるメッセージを提示すれば、好意、親切心は自分に戻ってくるのだ（実験では、81組315名のお客を使っており、サンプルの数としては十分だった）。

心理学には「**好意の返報性**」という言葉がある。人から好かれたい、人に優しくされたいならば、まず自分から相手に親切にすることで、その親切が戻ってくるという理論である。前記の論文でもそのことがはっきり示されている。自分が周りから大切にされたいならば、自分がまず周りを大切にすることが最高の近道になるだろう。

本章をまとめよう。

まず、**人付き合いがうまい人はそれだけの努力をしているという圧倒的な事実を受け入れよう。そして、我々の努力は決して裏切らない。人間には相手の努力を鋭敏に感じ取れる能力が備わっている。人付き合いの努力をこつこつすれば、それは周囲に確実に伝わる。**

努力の中身は、**肯定的な態度、相手の模倣で十分だ。**難しい方法ではなく、相手の簡単なまねでよい。**肯定的な態度は、気持ちが入っていなくてもよい。上っ面であっても、ただただ肯定的に振る舞えばよい。マニュアル通りでよいのだ。**

これが自然にできるようになるまで、ただただ努力しよう。

繰り返すが、努力していなければ人気は出ない。人気がないと嘆くなら、自分の努力不足を直視すべきなのだ。

肯定的態度、模倣行動が身につくところまで努力ができたら、あなたは今より断然人気者になっているに違いない。そうなれば、好きなあの人も落とせている、のではないだろうか。

3章　賢くなりたければ、脳を活性化させるな

テレビや広告に登場する科学者は、書籍や大学での講義のように、視聴者に対して十分な説明を行う時間がない。そのため、序章で説明したように、ワンフレーズの便利なキャッチコピーで学問を「わかった気にさせる」という手段が常套的にとられてしまう。

しかし、そこには大きな罠がある。

本章では一つ例をあげて、その危険性に警鐘を鳴らしたい。

「脳をいかに活性化させないか」が重要

「○○勉強法で脳を活性化させよう！」「脳が喜んで活性化している！」という表現を巷でたくさん見る。だが、これは全面的に受け入れてよいフレーズとはいえない。なぜなら、学

習や技術の習得とは、脳を活性化させるのではなく、反対に「**脳をいかに活性化させないか**」**が重要だからだ。**

大阪は吹田市にあるＮＩＣＴという組織の内藤栄一先生と、大阪大学の広瀬康先生が２０１４年に「フロンティアズ・イン・ヒューマン・ニューロサイエンス」という学術誌上で発表した論文を紹介する。論文のタイトルは「ネイマールの脳内での効率的な足のコントロール」。

皆さんは、サッカー選手のネイマールをご存知だろうか？

ブラジル代表の10番を背負った、押しも押されもせぬスター中のスターサッカー選手である。本名はかなり長く、ネイマール・ダ・シウバ・サントス・ジュニオールというらしい。２０１５年現在で23歳とまだ若いが、すでにブラジル代表の中心選手であり、ブラジルサッカーに欠かせないエースストライカーである。これまでに（２０１５年12月時点）、ブラジル代表として64試合に出場し、44得点を決めており、これはずば抜けた数字である。サッカーのクラブ世界一決定戦で、所属クラブのバルセロナを率いて世界一にもなっている。まだまだ若く、将来もおおいに嘱望されている。経歴やあらゆるデータが、彼がもの凄いストライカー（点取り屋）であることを裏付けている。彼の素晴らしいプレーにまつわるエピソードは枚挙にいとまがない。

そんなネイマールがプレーしているとき、彼の脳はどうなっているのだろうか？

この疑問が論文のテーマだった。

ネイマールの脳はさぞ活性化しているだろうと、あなたは思うかもしれない。脳のありとあらゆる部位が、サッカーのために活き活きと活動し、脳のスキャン画像を撮れば、その激しい活動を反映して、脳中が真っ赤に染まっている——。そう思うのではないだろうか？

内藤先生と広瀬先生は、ネイマールの脳をｆＭＲＩという装置で実際に計測してみた。といっても、ｆＭＲＩという脳のスキャン画像を得る機器の中では、サッカーはできない。そもそもボールを動かせる空間がないし、頭を固定しなければならない。脳のスキャンとサッカーのプレーは同時には行えないのである。

そこで彼らは、右足の先を1秒間に1回、周期に合わせてくるくる回すという課題をネイマールに課して、その際の脳の活動を計測した。

「なんだ、実際にプレーをしているときの脳の活動ではないのか？　足首を回すだけの活動ではサッカーとはかけ離れているのではないか？」と多くの人が思うだろう。しかし、サッカーのプレーは、基本的な足の動きの組み合わせで構成されており、足首を回転させるという動きでも、そこにサッカーの上手い下手の違いが現れると内藤先生たちは考えたのである。

サッカーでも、テニスでも、能でも、歌舞伎でも、細かな所作の組み合わせが、複雑でクリエイティブな全体の行動を生む。したがって、ネイマールの凄さは、足首を回すだけでも脳活動になんらかの形で現れると仮説を立てたのである。

「一流のサッカー選手であるネイマールは、さぞ脳をフル回転させてプレーしているに違いない。もしそうならば、ネイマールが足首を回すとき、他の人に比べて脳の活動量が圧倒的に多くなる、さらに、一般人が使わないような脳の場所までフル活用している」と多くの人は思うだろう。「脳を活性化させよう！」というワンフレーズの脳科学からは、そう予測を立てるのが自然である。

では、実際の脳画像を示そう。口絵2ページ下をご覧いただきたい。

左上がネイマールの脳、上段の右の3つはネイマールほどの活躍はできていないが、日本でプロとして活躍しているサッカー選手の脳、下の左2つは水泳選手の脳、右下の一つはプロとしてスポーツ（サッカー）をしていない一般人の脳である。

脳の活動量は、ネイマールの左上から、一般人の右下に向かって大きくなり、活動している部位も徐々に増えていくことが明確に示されている。ネイマールは、体の運動を司る脳部位のみが、さらにいえば、その中でも足に関わると想定される部位のみが活性化している。一方で一般人は、なぜか視覚に関わる（見るために使う）後頭部の脳部位や、脳幹と呼ばれる古い生命維持活動に関わる部位までもが活性化していた。

ネイマールは、足首の運動に対して最も小さく脳を活性化させており、次にプロのサッカー選手、その次にサッカーはしていないものの普段から体を使っている水泳選手で脳の活動が小さい。逆に、一般人で最も脳の活動が大きい。さらに、一般人では活動部位が多岐にわたっているのに対して、ネイマールは運動野という部分のわずかに2つの領域が小さく活性化しているだけだったのである。

図1は、脳を上下左右に正方形の細かなメッシュで区切ったときに、脳の活動領域がその区切られた立方体（ボクセルという）のいくつの部分にまたがっていたかを示したグラフである。

ネイマールはわずか200程度の値であるのに対して、サッカーのうまさが低下していくにしたがって、活動がまたがる脳部位（ボクセルの数）が増えていることがわかる。一般人とネイマールでは、同じ足首を回すという運動に使う脳の部位体積が10倍も異なるのである。

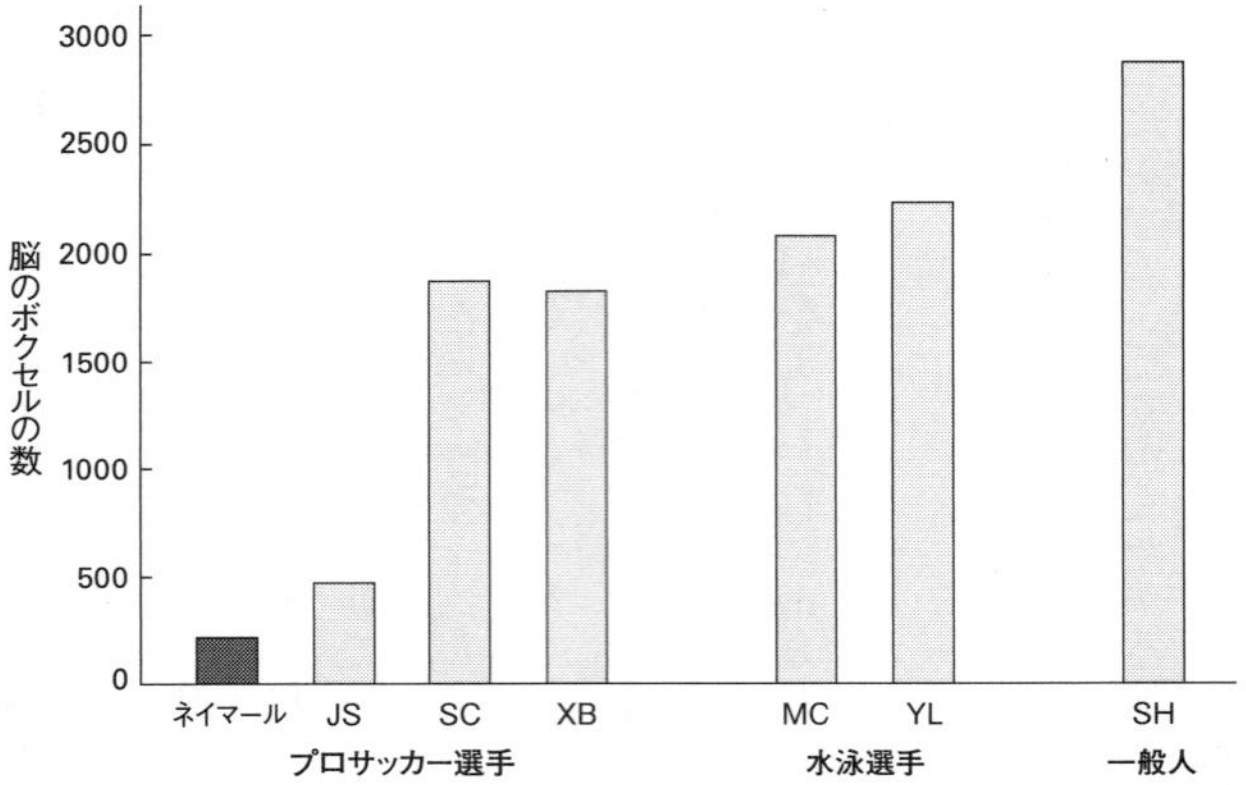

図1　脳の活動領域が、どれだけ広い範囲にまたがっていたか

Eiichi Naito and Satoshi Hirose (2014) Efficient foot motor control by Neymar's brain. Frontiers in Human Neuroscience, 8, Article 594.

また、サッカーのうまさに比例して（相関して）活動量が小さくなっていることから、足首の運動だけでもサッカーのうまさが反映されていることもわかった。

つまり、**サッカーがうまい、体をコントロールすることが巧みな人ほど、それに割かれる脳の活動が小さいのである。その活動に本当に必要な部分だけを効率的かつ経済的に活性化させているといえるのだ。**

誤解を招く表現だが、あえて用いれば、「脳が活性化していない」ほど、技術が高く、プレーが巧みなのである。このことは、ワンフレーズ脳科学からの予想とは全く反対の結果といえるだろう。「いかに脳を活性化させないか」を考えることが、技術習得、より洗練された技術獲得の肝であることが、ここから結論づけられる。

「脳の活性化が必要」とセットではじめて意味を持つ

実は、この結果は意外でもなんでもない。脳が活動するということは、該当する脳部位の血流量が増えることを意味する。すなわち脳の活性化が起これば起こるほど、それだけエネルギーを使うことになる。技術が巧みな人は、最小限の消費エネルギーで、同じ技術をより簡単にこなせるのである。ネイマールのサッカーの巧みさは、個々の足のコントロールを他の選手よりも省エネで行っているところにあるのだ。

かけ算を空でいえる人は、足し算を繰り返すというエネルギーを節約している。かけ算を暗記することで、より複雑な計算が可能になる。かけ算を暗記していない人が中学・高校の数学で苦労することは、目に見えているだろう（もちろん例外はいるが）。つまり、かけ算を暗記することで、計算の省エネ化が行えるのだ。そして、省エネ化を行うことでより深く、難しい数学的思考が可能になるのである。

数学大国インドでは、20×20までのかけ算を子供たちに暗記させる。つまり、**かけ算で脳を活性化させない方法を採用している**のである。インド人が、世界でも最高水準の数学的に深い思考が行えるのは、その基礎になるかけ算をより省エネでこなせるからなのかもしれない。

基礎的な活動の労力が少なければ、それらを複雑に組み合わせた総合的で深い活動も、より簡単に行える。これは、ネイマールのような運動の技能、インド式かけ算のような知的技能の両方において成り立つ脳の原則である。脳を省エネ化にすることで、より高みに登れるのだ。車でも省エネ運転をすれば走行距離が伸び、色々な所に行けるようになるのと全く同じロジックである。

以上のように、運動でも勉強でも、その上達を志す子供には「**いかに脳を活性化させるか**」**ではなく**「**いかに脳を活性化させないか**」**を目指すように指導するのがよい**だろう。この事実に驚きを感じる読者の方は、ワンフレーズ脳科学がどれほど危険でいい加減かを実感してもらいたい。

もちろん、脳を活性化させない、省エネ化した脳活動を獲得するためには、繰り返し練習をせねばならず、そのために脳を繰り返し活性化し続ける必要がある。つまり「脳を活性化させると人生が豊かになる」という言説は確かに間違いではない。だがしかし、そこにはやはりワンフレーズ脳科学の落とし穴があり、全く逆のことが同時に真理でもあるのだ。

「脳の活性化が必要」という言説は常に「脳を活性化させず、省エネ化を目指せ」という言説とセットになって意味を持つ。同時に「脳を活性化する」を否定する「脳を省エネ化せよ」というワンフレーズ脳科学にも、ワンフレーズゆえの罠がつきまとい、それだけでは、やはり科学的には不十分な言説となってしまう。

正しく脳を理解するためには、2つの相反するワンフレーズ脳科学を、つなげうる科学的な背景を学ぶ必要がある。脳についてのシンプルなワンフレーズは常に危険なのだ。

ワンフレーズ科学があふれるテレビとの付き合い方

ただし、ここで注意しておきたいのは、私はそういったワンフレーズ説明を行っている科学者を蔑みたいわけではないということだ。

啓蒙活動には大きな困難が伴う。わかりやすさと科学的な正確さは、多くの場合トレードオフの関係であり、簡単にわかりやすく伝えようと思うと、正確さが失われる。反対にできるだけ正確に伝えようとすると、難しく退屈な話になってしまうのである。

この苦しみは、私も講演活動や執筆活動を通して常に感じている。だから、わかりやすさ優先のテレビの世界を、決して否定したいとは思わない。テレビという媒体の性質上やむを得ないのである（むしろ、テレビ出演する科学者を短絡的に揶揄《やゆ》している「テレビに出ない科学者」の方こそ問題であるとすら思っている。つまり、一般人の方に説明をしようと頑張っている科学者を、そういった努力をしていない科学者が鼻で笑うのは、間違った態度だと私は思う）。

ではどうすればよいのか？

答えは簡単である。テレビでの科学者の言説は、常に半信半疑で受け止めてほしいということだ。テレビの科学的な言説は、ほぼ１００パーセント、なんらかの正確性を犠牲にして成り立っている。科学的に真っ当なことは、自分でしっかり本を読むなどして調べ、その上で判断を下さねばならない。自分で考える習慣がなければ、人はいつまで経っても無知である。

フジテレビの大人気番組「ホンマでっか!?ＴＶ」でも、番組の最後に毎回必ず「あくまで学者の一説であるので、ホンマでっか!?　というスタンスでお楽しみください」という注意書きを出している。つまり、テレビで科学を伝えることは原理的に無理があるのだ。それは、科学は元々テレビのために作られたわけではないからである。

よって、読者の方々には、テレビで見聞きする科学的言説に対しては常に「半信半疑」の態度をとるようにしてもらいたい。

例えば、テレビのどっきり企画を見るときには「これはヤラセだな」と心の片隅に入れておくのがテレビの正しい見方だろう。今の時代、大人がどっきり企画を完全にガチだと思って見てはいけない。どっきり企画は原則ヤラセと思いつつも、それを頭の片隅に追いやって、その上で、どっきり企画の様式を楽しめる人が、正しいテレビリテラシーを持っていると私は思う。

ダウンタウンのシチュエーション・コントは、作り物だとわかっていても楽しい。テレビの世界は、すべてがコントだと思って見るのが正しいと思う。科学者が、知見を披露しているのもコントなのだ。正しい科学は、テレビではあり得ない。それは、ＮＨＫのサイエンス番組やＢＢＣの特集番組でも同じである。

テレビの演出

10年ほど前、あるテレビ番組が東京大学の恩師の研究室を取り上げて下さった。そのときのテーマは「脳はつじつま合わせの天才」というものだった。

私はポスドク（研究員）として、レポーターの女性タレントYさんに、ある刺激を見せた。

それは、暗室内の天井、床、壁のすべての部分を、無数の白い点が駆け巡るというもので、それを見ている人は自分の体が錯覚的に動いているように感じ、まっすぐ歩けなくなったり、立っていられずによろけてしまう代物だった。

ただし、この錯覚には大きな個人差があり、必ずしも全員がよろけるわけではなかった。打ち合わせ段階で、番組のディレクターさんにこの刺激を体験してもらったところ、彼は大いによろけた。

さて、別の本番日にYさんにその映像を見せたところ、なんと全くよろけなかった。それはおかしなことではなく、そういう人もいるのだ。個人差があってこその科学なのだ。しかし、番組のディレクターさんはその場で「Yさん、じゃあよろけたテイでお願いします」と指示を出した。Yさんはみごとによろけてくれた。放送当日のテレビでは、よろけたバージョンのYさんのみが映っていた。テレビとは「大きな演出」をやるのだなあと、しみじみ思ったものだ。

短い放送時間の中では、その映像刺激は人をよろけさせるべきものであり、映像の効果に個人差があるという科学的な真実、正確性はまさに枝葉であり、カットすべき対象だったのだ。しかし、その枝葉をいかに削らずに理解するかこそが科学としての真っ当さでもある。

「こんな感じでいいですか?」と何度も確かめつつ的確によろけていたYさんは、非常に優しい人柄に違いないと私は強く思った。その取材まで、Yさんには特段何も思い入れはなかったが、その日以来、あの優しい人だ、テレビに出ている、頑張れ!　と応援するようになってしまった。

Yさんが演じた過剰な演出は、平均値の科学をワンフレーズに落とし込んだ典型例なのではないかと感じている。Yさんには、平均すればよろける刺激を見せたが、個別のケースでは、Yさんのようによろけない人もいる。テレビにおけるワンフレーズ心理学では、よろけないという例外的事例は省くべき存在なのである。平均値の科学を、平均値しかないように演出するのが、テレビでありメディアなのだろう。そしてここに、テレビが伝える心理学のうさん臭さもあるのだ。

テレビのワンフレーズ科学とは、万事そういうものなのだろうと推察する。賢明な視聴者になるためには、できるだけ説明が豊富な資料に直《じか》にあたるべきだろう。一番よいのは原著の論文である。しかし、一般の方が英語の論文を読みこなすには時間がかかる。このギャップを埋めるために、科学のことを一般の人に適切に伝える伝道者、サイエンス・ライターが日本にはもっとたくさんいるべきだと私は思う。海外には、誰もが知っているサイエンス・

ライターがいる。日本で、道行く人に「サイエンス・ライターといえば誰?」という質問を投げかけても、誰もがあげる名前はないだろう。

私自身は、心理学というごく限られた分野でしか伝道者になれないが、科学の面白さを多くの人に伝えたいと切に考えている。拙著に、独特の科学テイストとポップさを感じさせる何かがあればと願いながら執筆を続けている。その思いが伝わればば嬉しい。

4章　ポジティブ・シンキングで人生が変わる？

ネガティブ・シンキングは百害あって一利なしなのか？

世にはポジティブ・シンキングの推奨がはびこっている。

「悩まずに笑顔で！」「くよくよするな！」「前だけ見て！」「諦めないで～！」「負けないで！」「負けないこと、投げ出さないこと、逃げ出さないこと、信じ抜くこと、駄目になりそうなとき、それが一番大事」「高価な墓石を立てるより、貧しくても生きてる方が素晴らしい」といった具合である。

私自身は、超がつくネガティブ・シンキングの「気にしい」である。そのため、現代日本の「明るく！」の大合唱の中で、肩身の狭い思いをしている。ポジティブに考えるように心がけたところで、無意識のうちに最悪の事態を想定し、ネガティブモードが発動してしまう。

おそらく、世のネガティブ派の方々もそうだろう。「変えろ」で変わるぐらいなら苦労はしないのである。

私は、ネガティブ・シンキングが度を越していて、待ち合わせに遅刻すると、先方に嫌われるのではないか、何か不都合が起こるのではないか、と心配し、公共交通機関が多少遅延しても間に合うような時間設定で現場に向かってしまう。そのため、いつも待ち合わせの時間よりも20分前に現場に着いてしまい、時間を持て余している。

最も酷かったのは、オーストラリアに滞在したときで、帰国日になり、シドニーを少し観光して、ちょっと余裕を見て空港に行ったつもりだった。しかし、遅れずに空港に着こうと考えすぎて、離陸の5時間前に着いてしまった。さすがにやることがなくて、空港に飽き飽きしてしまった。私は、それくらいネガティブ・シンキングなのである。

では、ネガティブ・シンキングは百害あって一利なしなのだろうか？　世にはびこるポジティブ・シンキングという教えは万能な教義なのか？

心理学は、広く世に広まっている思い込みを是正するための学問だと私は思っている。本章では、ネガティブ・シンキングの秘めた可能性について話をしてみたい。

ネガティブ・シンキングの魅力

ネガティブ・シンキングでいつも先方を待ってばかり、空港で無駄な時間を作ってばかりの私だが、それは全く無駄なことなのだろうか？

実はそんなことはない。遅刻しないことが理由で評判を下げることは絶対にない。遅刻して飛行機に乗り遅れて、無駄なチケットを追加購入するくらいなら空港で時間を持て余した方がまだましだ。このように少し視点をずらせば、ネガティブ・シンキングにも魅力があることがわかる。

芸能界にもネガティブ・シンキングの波が押し寄せているように感じている。オードリーの若林正恭さん、バカリズムさん、有吉弘行さん、ピースの又吉直樹さん、彼らはネガティブ・シンキングゆえの面白さで国民を魅了している。特に又吉さんの大活躍は周知の事実である。

振り返ってみれば、日本を代表する作家はほとんどすべてネガティブ・シンキングではないか。芥川龍之介、太宰治、三島由紀夫、川端康成などなど、枚挙にいとまがない。

これは日本の作家だけの話ではない。全世界的に見ても、作家という職業はネガティブ・シンキングの巣窟である。ヘルマン・ヘッセ、オスカー・ワイルド、ドストエフスキーなどなど、やはりいくらでもあげられる。

なんらかのクリエイティブさとネガティブ・シンキングの間には因果関係がありそうだ。そもそもネガティブ・シンキングとは、物事を深く考えることとも関係しているように思う。研究者の業界にもネガティブな人はもの凄く多い。

つまり、ポジティブ・シンキングが万能で、ネガティブ・シンキングは捨て去るべきというポジティブ・シンキング教の教えは、やはり行きすぎた誤信だと私は思うのだ。

もちろん「芥川も、太宰も、三島も、川端も自殺してるじゃないか！　ネガティブ・シンキングの行き着く先がそこなら、やはりネガティブは百害だろう」という意見は真理をついている。しかし私は、何も成し遂げずに日々笑って生きることと、素晴らしい業績を成し遂げて精神を病み自殺することのいずれが人間として素晴らしいのか、という問いに答えることができない。

もちろん、日々笑ってかつ何かを成し遂げる、それがベストな答えだ。長嶋茂雄さんのように生きられたら、素晴らしい。しかし、生い立ちなどから日々笑えない人生を過ごしている人物も大勢いるのだ。そんな人たちに、私はネガティブ・シンキングの効用を伝えたいと強く思うのだ。「ただでさえ、ポジティブになれないのに、さらに肩身の狭い思いをさせるな！」と言いたい。「大人なのに人見知りなのですか？」と嘲笑うな！　我々ネガティブ側が人類を支えている部分があるのだ！

そこで、まずポジティブ・シンキングに負の要素があるという心理学の論文を一つ紹介しよう。

将来についてのポジティブなイメージは、いい結果をもたらさない？

カッペスとオッティンゲンによって、「ジャーナル・オブ・エクスペリメンタル・ソーシャル・サイコロジー」という学術誌に２０１１年に報告された実験結果は、将来についてのポジティブなイメージは、いい結果をもたらさない可能性があるというものだった。

実験では、女子学生にハイヒールを履くことで得られる美しさと、周りからの賞賛についての想像してもらった。統制群として、ポジティブではない想像をしてもらう群も設けた（つまり、賞賛が得られないという想像をしてもらう群である）。

その後、心拍数と血圧の一種であるＳＰＢというものを計測した（以下では、話を簡単にするために単に「血圧」と呼ぶことにする）。なお、医学的に、血圧が高いほどエネルギーが身体に満ちていて、活気がある状態だと見なすことができる。

結果は、驚くことに、ポジティブなイメージをした群の女子学生で、血圧がより低くなってしまったのである。

さらに、これから訪れる1週間で自分がこなせることについてポジティブな想像をさせると、ポジティブでない想像をさせた群よりもやはり血圧が下がってしまった。

さらにさらに、実際に1週間を過ごした後にその1週間の出来を7点満点で採点させたところ、ポジティブな想像をした群で、ポジティブな想像をしなかった群に比べて評点が下がってしまった。

つまり、**ポジティブなことを想像すると血圧が下がる（つまりエネルギーが減る）だけでなく、その後の1週間を楽しめなくなってしまったのだ。**

ポジティブ・シンキング万能説は、ここに破れ去ったといってよいかもしれない。

もちろん、これはたった一つの反証であり、ポジティブ・シンキングで活力が増すという真逆の結果を報告している科学的な論文も多数存在する。私がここで強調したいのは、「ポジティブ・シンキングはよい」という主張の否定ではない。これはくれぐれも誤解しないでもらいたい。私がいいたいのは「**思考停止で無批判のポジティブ・シンキング万歳状態はやめよう**」ということなのだ。

ポジティブな目標を立てないという事例で私が真っ先に思い出すのは、プロレスラーの故三沢光晴選手である。

20年以上第一線で大活躍し、２００9年6月13日、試合中の不慮の事故で他界された日本が誇る最高のプロレスラー・三沢選手は、目標を立てることについての自身の意見を、インタビューで述べている。発言の趣旨を私なりに要約すると次のようになる。

目標を持つとそれに縛られて、そこまでしか到達できない。目標を定めず、日々できることを全力でやり続ければ、振り返ってみたら、より高みにいることがあるかもしれない。

四天王プロレスと三沢選手を信奉する私は、この言葉を熱く信じている。この言葉が次の若い世代の誰かの心を打てば、私は本書を執筆して本当によかったと思う。三沢選手の全力の人生、それゆえのプロレス中の事故死。日本人が忘れてはいけない大事な教訓だろう。

先ほど述べた、「成し遂げずに長生きする」ということの対極に三沢さんはいる。太く短く生き切った三沢さん。もちろん、穏やかな老後を過ごす三沢さんという人生が本来あるべきものだったのかもしれない。そういう思いも我々プロレスファンにはある。しかし、三沢さんの目標を定めずに日々全力で過ごすという信念は、日本を必ずよりよいものにするはずだ。私たちの心の中で、入場テーマの「スパルタンX」が鳴り止むことはない。

ネガティブ・シンキングは生存に有利

他にも、ネガティブ・シンキングには魅力があるとする科学的な言説が存在する。

詳しくは、2015年夏に刊行された一般書『ネガティブな感情が成功を呼ぶ』に色々な具体例が示されていて面白い。気になる方は、ぜひ読んでいただきたい。

少しだけ紹介すると、自分に自信がない（ネガティブ・シンキングの代表例）教員の方が、授業の準備を入念に行ったり、意見を広く求めたりするなどの努力を怠らないため、学生の満足度がより高い授業を行えるということが科学的に証明されている。

また、積極的に幸福を求める態度で生活すると、実際に幸福なイベントが人生の中に現れたとき、そのイベントに対する満足度が下がるという面白い反論も述べられている。幸福を求めずにネガティブな態度で生きている方が、いざ幸福な事態に遭遇すると意表をつかれて幸福感が大きくなるという。ネガ・ポジのギャップ効果とでもいえるもので、これも面白い反証の一つである。さらに「**幸福感が強い被験者は嘘を見抜く能力に劣る**」という事実も証明されている。

一言でまとめれば、ポジティブ・シンキングにも落とし穴があり、万能ではないということだ。同様にネガティブ・シンキングにもまたメリットがあるのだ。

そもそも、なぜネガティブ・シンキングは人間に備わっているのだろうか？

答えは非常に簡単で、進化の中で生存にとって極めて重要だったからだ。毒キノコを食べておなかを壊した我々の祖先は、その毒キノコを見るたびに嫌な（ネガティブな）気持ちになっただろう。そのネガティブ感情があるからこそ、二度とそのキノコを食べずに済み、無駄に命を落とさずに済んだのである。「また気持ち悪くなったらどうしよう」と先々をネガティブに心配する能力が人間にあったからこそ、人間は生き延びてこられたのである。

反対に、美味《おい》しいという感情はポジティブなものであり、そのポジティブさをもう一度求めることで、栄養価の高いものを効率的に食べることができる。つまり、**ポジティブな感情は、それを繰り返し求めることで生存に有利になり、ネガティブな感情は、それを避けるようにすることで生存に有利になる**のである。

犬を飼っている人はわかると思うのだが、褒めて喜ばせれば犬はその行動を繰り返し行うようになる。反対に、叱って嫌な気持ちにさせれば、同じ行動をしないようになる。だから、犬をしつけるのは比較的簡単だ。餌を与えて褒めることと、叱ることをバランスよくすればよいのである。

人間もこれと同じで、ポジティブな感情とネガティブな感情の両方があるからこそ、死なずに済む。ポジとネガは人生をよりよく送るための車の両輪であり、どちらが欠けてもいけないものなのだ。

ネガティブ・シンキングの美しさ

悲しみ、ネガティブ・シンキングのメリットについてもう一つ説明を加えたい。

2015年夏、ピクサーが『インサイド・ヘッド』という心理学的に非常に興味深い作品を公開した。小学生の少女の頭の中に、ヨロコビ、カナシミ、イカリなどの小人がいて、少女の行動を決めたりしながら、記憶を適切に管理保管している、という面白い構成になっている。

大竹しのぶさんが日本語で吹き替えるカナシミは、グループの足を引っ張ることしかしない。いつもうじうじとネガティブに心配し、少女の大切な記憶を色あせさせかねない失敗を繰り返す。そのため、ポジティブ・シンキングの塊のようなキャラクターであるヨロコビから行動を制限される。

ここからはネタバレになるので、知りたくない方は読まないでほしいのだが、少女は転校を機にどんどんネガティブになっていく。大事な思い出はどんどん色あせ、心の世界が壊れていく。ヨロコビや他のメンバーたちは、なんとか少女を元気づけようとあれこれ手を尽くすが、万策尽きて何もできなくなってしまう。

ここで、今まで足を引っ張ることしかできなかった、カナシミが出てきて「悲しいことを悲しいと受け入れて、ただ泣こう。お父さんとお母さんと一緒に泣こう」という行為に導く。すると、少女の心が生まれ変わり、また少しずつポジティブで素敵な心の世界を取り戻していくようになるのだ。ネガティブな心の働きにも、心を支える上でとても大事な役割があったのである。

『インサイド・ヘッド』は作り話だが、ポジティブ・シンキング一辺倒な人生は逆に味気ない、哀しむことができる人生、誰かに寄り添って泣くことができる人の方がずっと幸せなのだと、この作品は我々に強く語りかけてくる。ネガティブな感情やネガティブ・シンキングには大事な利点があるのだ。

日本人は、本来ポジティブ一辺倒ではなく、ネガティブな感情、ちょっと屈折した暗さに秀でた国民だったのではないか、と私は思っている。

『こころ』のようなネガティブ・シンキングの秀逸な作品をいくつも書いた夏目漱石には、英語の「I love you」に「月が綺麗ですね」という対訳をあてたという逸話がある。

この話も、ポジティブ・シンキングのみからでは得られない、ある種屈折した美しさ、ネガティブとまではいわないが、ネガティブ・シンキング寄りの熟考から生まれているように感じる。こういった屈折した暗さの中にある美しさを、日本人は美徳にしてきたのにもかかわらず、昨今それを積極的に捨て去ろうとしている。非常にもったいないことをしていると私は思う。

今一度、ネガティブ・シンキングの美しさ、魅力について日本全体で考えてみる時期が来ているのではないだろうか。そのために、心理学を学ぶことは必ず役に立つはずである。

ハンデの中にこそ武器がある

本章をここまで読まれて、特に若者は、ポジであれネガであれ、何かを成し遂げるためにはどうすればいいのか？　と思われたかもしれない。

成し遂げるとまではいかずとも、クリエイティブに生きるためには一体どうすればいいのか？「その他大勢」ではない人生を歩むためにはどうすればいいのか？　何か指針をくれ！

若者はそう問いかけてくるかもしれない。もちろん、歳がいくつであっても、高みを目指される方は、少しでもよい人生のために特別な自分を探したいだろう。年齢は関係ない。

さて、よりよい自分はどこにいるのだろうか？　自分探しをすれば見つかるのか？

答えは否である。

心理学的には、**スペシャルな自分は自分自身のハンデの中にある。**みうらじゅん氏が提唱する「自分なくし」をすれば、特別な自分が最後に残るのである。

自分には、何ができないのか？　これを問い続けていけば、自分らしさの正体がつかめるかもしれない。これについて、次にまとめていこう。

クリエイティブな生き方、クリエイティブな仕事というのはどういったものだろうか？

仕事柄、クリエイティブな仕事と思われる、映像クリエーター、広告業界の人と話すことが多いが、彼らは必ずしも自分がクリエイティブだとはいわない。むしろ、自分にできることを普通にやっているだけ、という人の方が多いように思う。

クリエイティブな仕事の代表例として、画家があげられるだろう。自分の目で世界を切り取り、新しい価値観を鑑賞者に提案する。画家のようなアーティストこそ、クリエイティブであるべき存在の代表例だ。

そんな画家には、一つ面白い身体的な特徴があることが知られている。

「サイコロジカル・サイエンス」（直訳すれば心理科学）という一流学術誌に投稿された論文では、画家の両眼立体視の能力が、一般人よりも劣ることが報告されている。

両眼立体視とは、モノの3次元構造を把握する目の力である。左右の目に映るモノの像は、左右で少しずつ異なる。この差のことを両眼視差と呼ぶ。そして、この両眼視差があることで、我々は外界の3次元構造を正しく把握できる。

しかし、画家はこの3次元構造の把握能力が低いという。さらに、顔の中心、鼻から左右の黒目の位置を計測すると、画家のそれは一般人のそれよりもバランスが悪く、両眼で奥行きを知覚するための正しい黒目の位置から有意に逸脱していることがわかった。つまり画家は、3次元のものを3次元として理解する、知覚する能力にハンデがある人たちなのだ。

画家自身で、このことを自覚している人はおそらく少ないかもしれない。しかし、このハンデ、弱点が、逆にキャンバスという「2次元上の世界の表現力」を高めているのかもしれない。**ハンデこそが武器になっている**のである。

自分の個性とは何か？　このことを考える上では、自分の弱点、ハンデに向き合うことで、自分の武器が見つかるのかもしれない。私は、心理学者という職業を選択したが、これも自分の弱点ゆえの選択だった。

私は、中学・高校時代、まともに友達ができないくらい気持ちの悪い子供だった。今流行《はや》りのコミュ障（ネットスラングでまともなコミュニケーションが成立しないという意味）だったのだ。全然友達ができない。この自分の弱点を克服するために、せめて知識として人の気持ちについて学ぼうと思い、大学で心理学を志したのである。私はこの強いコンプレックスに突き動かされて心理学に取り組んで来た。そのおかげで、今こうして心理学の本を刊行できるほど、心理学に詳しくなれたのである。

日本の色彩学、色彩心理学で、最もご活躍されている権威で、色彩学の第一人者のとある先生は、驚くべきことに、正常とされる色覚（3色覚）を持っていない。つまり、色覚障害者なのである。その先生は、一般的で多数派の色覚正常者と同じように赤や緑を見ておらず、それらを全く違う色として見ている。誠に勝手に推測させてもらえば、その日本一の色彩学者の先生は、色覚障害という自身のハンデを武器にして、ハンデから来るパッションを仕事に活かして、日本のトップになったのだろうと思う。

弱点、ハンデは自分にとってコンプレックスの源である。コンプレックスは、パッションの源でもある。コンプレックスのせいでモテなければ、それをどうにか克服しようという大きなパッションが生まれる。そのパッションを自身の仕事に向ければいいのだ。このハンデこそが、自分自身の最大の個性になる。「自分なくし」で自分にできないことを明確にすれば、何が自分の武器、パッションの源泉になりうるかが見えてくるはずだ。

スーパー・プロデューサーのつんく♂さんは、モーニング娘。とはコンプレックスの塊の集団だったと言う。背が高すぎる、反対に低すぎる、エラが張りすぎているなどなど、一般的なオーディションでは受からない、その程度のルックスの集団だったからこそ、あれだけの旋風を巻き起こせたと彼は言う。つまり、彼女たち自身がコンプレックスを強く持ち、それゆえに「アイドルとして成功したい」という激しいパッションを持てた。このハンデに基づく強いパッションこそが、モーニング娘。がアイドルにふさわしくない集団であるにもかかわらず、アイドルとして頂点を取れた理由なのである。

「何になりたいか」ではなく「何をしたいのか」

個性について、私の進路指導を例にしてさらに述べていこう。

大学で教員をしているため、就職活動中の学生を毎年指導している。彼らは、エントリーシートを書く際に、自身の個性のなさをよく嘆いている。自分には、魅力的な個性がないとよく言っている。私は、彼らの一番の弱点こそが魅力なのではないかと指摘するのだが、伝わりきらないことも多い。

彼らにはよく、「何になりたいか」ではなく「何をしたいのか」を明らかにしろと忠告する。"to be"ではなく"to do"を大事にしてほしいと。「大学の先生になりたい」という目標は、非常に弱い。大学の先生になるというのは、「研究が楽しくて、研究ばかり、実験ばかり続けている」人間の自然の帰結であるべきだ。大学の先生になることが目的になった時点で、おかしなことが起こるのだ。

「売れっ子歌手になりたい」を決して目標に据えてはならない。「歌が好きで好きで、毎日唄って、誰かに止められても唄い続けて」、そんな日々の帰結が「売れっ子歌手」であるべきなのだ。

どうなりたいかではなく、今どうしたいか、今したいことを積み上げて行った帰結として「どうなったか」がついてくるのである。他人に止められたり、嫌味を言われても研究をし続ける。そんな人間が結果的に大学の先生になれるのだ。

誰も見てくれなくても、自家用ビデオであっても映画を毎日作り続ける。そんな人間が、映画監督になれる。誰も聞いてくれなくても、誰も評価してくれなくても、誰に頼まれたわけでもないのに、毎日作曲し続ける。そんな人間が作曲家になれる。

今、そういったパッションを持って何かに向けて動けていないなら、残念だが、あなたにはその分野の才覚はないだろう。この強いパッションを生み出すのは、まさにコンプレックスであり、自分の弱点、ハンデなのかもしれない。

最後に、どんな仕事にもクリエイティブさは必要である。子育て、営業、書店の仕事、どんな世界でも、仕事をより効率的で面白くするためには、クリエイティブなアイデアが必要である。人間には、クリエイティブになる能力がはじめから備わっている。そう信じて、日々自分自身の生活の質の向上、Quality of Lifeを追究するために、もっとクリエイティブになっていこう！

5章　サブリミナル効果はウソ？　ホント？

誰もが信じるサブリミナル効果

皆さんも一度は聞いたことがある単語、サブリミナル。このサブリミナルは、心理学的に正しいのか正しくないのか？　効果が本当にあるのかないのか？　本章ではこのことについて考えていこう。

サブリミナルカット、という言葉を聞いたことがあるだろう。意識に上らないほどの一瞬の時間に、映画やアニメなどと無関係に何かワンカットを挟むと、それが提示されたことに気がつかないにもかかわらず、それを見ていた人の行動を大きく変えてしまうという驚くべき逸話である。

日本でも１９９０年代に、当時の大人気アニメ「シティーハンター」で、アニメ作成スタッフがこのサブリミナルカットをおふざけのつもりで入れてしまい、それが視聴者から指摘されて社会問題になったことがある（実際に放映されたのは1989年1月）。

主人公のイケメン冴羽獠が、アシスタントで男勝りの槇村香に、ハンマーで殴られて頭から星が出るというシーンで、星に混じってワンカット、当時世間を騒がせていた新興宗教の教祖の画像を入れてしまったのだ。このおふざけは、画像の中身がそういうものだったので大問題になり、繰り返しニュースで報道された。

さて、ここで少し考えてみてほしい。なぜ、このおふざけは大問題になったのか？

大々的な報道の背景には、我々が暗黙のうちに「サブリミナルには効果がある」「サブリミナルとはなんだかわからないが怖い」と了解していたといえる事実があったと私は思う。サブリミナルに我々の行動を変える力があると、国民の誰しもが信じていなかったら、このおふざけはここまで大々的に問題視されなかったはずだ。

つまり、サブリミナルカットは危険であり、我々の行動を変化させうる恐ろしいものだから、それを誰もが見るアニメに用いることは倫理に大きく反するという前提の下で、断罪していたのである。もしも「サブリミナルなんて無駄で全く効果がない」と国民全体で強く信じていれば、あそこまで繰り返し報道されず、あのおふざけカットは一笑にふされたはずなのだ。

だがしかし、この前提「サブリミナルは効く」は本当だろうか？

意識に上らないほど短く提示された教祖の画像は、我々をその宗教へ入信させうるような効果を本当に持つのだろうか？

当時の社会の風潮は、この「そもそものサブリミナル効果の真偽」を検討せず、ただただサブリミナルカットは倫理違反だという主張を繰り返すものだった。この一件以来、日本ではおふざけでもサブリミナルカットは用いられなくなり、同じ問題は起こっていない。この件を通して日本社会全体で「なんだかよくわからないけれども、サブリミナルカットは怖いし、危険」という共通認識が完全にできあがってしまったと私は感じている。

サブリミナル効果の起源

科学的な真偽が議論されずに、ただ感情的に「なんだか怖い」という印象を与えるサブリミナルカットだが、この話の出発点は、1957年の9月にまで遡ることができる。

この年、ジェームス・ヴィカリーという経済学者・経営学者で、自身で広告会社も切り盛りしていた人物が記者発表を行った。ヴィカリーは、ニュージャージー州フォトリーに実際にある映画館で、『ピクニック』という映画一本を見ている間に、5秒ごとに3000分の1秒という極めて短い時間に「ポップコーンを食べろ」と「コカ・コーラを飲め」というメッセージを繰り返し提示した。観客はそのメッセージに気づくことはなかったが、その結果、驚くべきことにコーラの売り上げが18%、ポップコーンの売り上げが58%も上がったという。つまり、サブリミナルカットを使えば、人間の行動をかなり操作できるという驚くべき発表をヴィカリーは行ったのだ。

ヴィカリー自身は、このサブリミナルカットを新しい広告・宣伝手法として世に喧伝したかったようで、この新しい手法は自身が切り盛りする広告会社が世に先駆けて実践の場に打ち出せますよ、とアピールしたのである。ヴィカリーのもくろみ通り、世間はこの結果を大々的にとらえ、サブリミナルカットは凄い、という強いインパクトが全世界に広まった。もちろん、日本も例外ではない。

サブリミナルカットは様々な映像作品でテーマとして使われ、繰り返しそのインパクトが世に伝わり続けた。最も有名な例としては、刑事コロンボの「意識の下の映像」という回があげられる。この話では、サブリミナルカットが殺人のためのトリックとして用いられている。あらすじはこうだ。

会社を運営している犯人が、自身の会社のアピールのために作った映画の上映会中に、その映画を見ているある人物を上映中のシアターから〝なんらかの方法で〟外に出して殺した。被害者は映画の上映中に席を外し、水を飲みに行くのだが、そのタイミングを見計らった犯人に殺害されてしまう。犯人は、コロンボに対して「彼（被害者）が席を外すことを私が事前に知っているわけがない！　彼が水を飲んだのは全くの偶然だからだ！」と主張し、無罪を主張する。

コロンボは、犯人がどうして被害者が映画の途中で水を飲みに席を立つことを知っていたのか、そしてそのタイミングを計ることができたのか思案する。検死の結果、被害者は塩気の強いキャビアを殺害前にたくさん食べていたことがわかった。つまり、喉が渇く食べ物を、犯人に食べさせられていた可能性があったのだ。しかし、それだけでは、水を飲みにシアター外に出るという行動は必ずしも引き起こせないし、そのタイミングもわからない。コロンボは悩み、そしてついにトリックに気がつく。

トリックはこうだ。映画のカットに「水を飲め」「飲料水」というサブリミナルカットを入れ込んでいたのだ。サブリミナルカットの効果は絶大なので、被害者は、そのカットが入っている場面で必ず映画上映中に席を外して水を飲む、そしてその間に殺すことができた。

これが、この話の最大のトリックだった。

さらにコロンボ作品のオモシロさは続く。なんとコロンボは、犯人を同じサブリミナルカットを用いて追い込んだのだ。犯人に映画を見せて、その映画にサブリミナルカットで、犯人が使ったピストルの口径変換装置を提示したのである。これを見た犯人は、無意識に不安に襲われ、思わず自身が使い、こっそり隠していたピストルの口径変換装置を確認しに行ってしまう。コロンボは、そこを押さえて、「御用!」となったのだ。

この話でも、サブリミナルカットの一般の国民（アメリカ）へのインパクトの大きさが凄まじいものだったことがわかる。つまり、水を飲ませたり、証拠品を確認させに行ったりと、サブリミナルカットで人間は動かされまくりなのだ。

コロンボに限らず、その後様々なメディア作品がサブリミナル効果を題材にしてきた。一貫していえるのは、サブリミナルカットはもの凄く効果が強く、人間はそれに操られてしまう、サブリミナルカットは怖い、凄い、というありさまが描かれ続けてきたということである。

ヴィカリーの告白

だが、ここで驚きの事実を提示しよう。

実はサブリミナルカットは、捏造《ねつぞう》された話だった。ヴィカリーの1957年の発表から5年後の1962年、ヴィカリー自身が「あの発表は嘘だった！」と告白しているのだ。ヴィカリーは、当時自身が経営する広告会社の業績不振に悩んでおり、起死回生の一発として、サブリミナルカットの話をゼロから捏造したのだ。つまり、なんとか儲けを出して倒産を逃れたいという思いで、全くの空想話をでっちあげ、さも事実であるかのように発表したのである。

このカミングアウトについて、多くの読者は知らなかったのではないだろうか。

この話は、なぜかあまり知られておらず、「サブリミナル、怖い」だけが今なお生き残っている。サブリミナルカットのオモシロさ、怖さのインパクトが大きすぎて、その後のカミングアウトがきちんと伝えられていないのだ。特に日本ではその傾向が強いように感じる。

これから先、皆さんには「サブリミナルのコーラやポップコーンの話」は完全なる捏造だったと、周りに広めていただきたい。

話の出発点が捏造だったのだから、サブリミナルカットに怯《おび》える一般の人々という構図は非常に滑稽である。サブリミナルカットには、効果がない。なぜなら嘘だから。ということで本章を終わりたい。

嘘から出たまこと

――となるならば、話は簡潔、簡単だが、実はここで話を終えることができない。なぜならその後、**ヴィカリーの話は部分的には再現できるぞ、という心理実験が行われてしまったからだ**。これについて話をしよう。

カナダのワーテルロー大学（英語読みすれば、ウォータールー大学）のストラハンらが、2002年に「ジャーナル・オブ・エクスペリメンタル・ソーシャル・サイコロジー」（直訳すれば、実験社会心理学雑誌）で「ヴィカリーは間違っていないよ！」「嘘から出たまことだよ！」という報告を行った。

あらかじめ注意しておくが、ストラハンたちはヴィカリーの逸話が捏造だったことは十分に知っていた。その上で、実際に心理実験をすると部分的に再現できてしまったよ！という驚くべき報告をしたのである。

実験では、まず81名の大学生を半分に分け、一方の被験者には実験開始前の3時間、一切の飲食をさせなかった。残りの半分の被験者は自由に飲食ができた。次に、彼らにどれくらい喉が渇いているかを、1から7の7点満点で回答してもらった。当然ながら、3時間飲食を禁止されている群は得点がとても高くなり、飲食の制限を受けなかった群は得点が低くなった。

その上で被験者たちは、パソコンの画面に出てくる単語が、実際に存在する単語か、無意味な綴りかをできるだけ早くかつ正確に判断する課題に取り組んだ。Tennis なら「あり」となり、Yugiiort なら「なし」となる、といった次第である。

ここで、最初に2つに分けた被験者のグループを、それぞれさらに半分に分け、半数にはサブリミナルカットで喉の渇きをより意識させうる単語の thirsty、dry（「喉が渇いた」「乾いた」という英単語）を提示した。残りの半数の被験者には、サブリミナルカットで pirate、won（「海賊」「勝利した」という英単語）が提示された。つまり喉の渇きとは完全に無関係の単語が、サブリミナルに提示されたのである。

これらはサブリミナルカットなので、本当にとても短い瞬間だけ提示された。事後的に全員に確認したところ、このサブリミナルカットに気がついた被験者はいなかった。１００ミリ秒程度の短時間の提示だったことと、メインの課題に集中していたことから、誰もサブリミナルカットがあったとは思いもよらなかったのである。

整理すると、被験者は喉が渇いている半数と喉が渇いていない半数に分けられた。それぞれのグループはさらに半数に分けられて、それぞれサブリミナル刺激で「乾いた」と「海賊」が提示された。つまり、2×2で4つの群に被験者は分類されたことになる。

さて、このパソコン画面での単語判断課題の後、被験者はある飲料の味覚調査をしてほしいと頼まれる。新しい飲料品を飲んで、その感想を伝える仕事という設定である。被験者は、この課題について好きなだけ飲料品を飲むことができた。

そして、ここで飲んだ量こそが、この心理実験で最も知りたかった値だった。つまり、thirsty、dryがサブリミナルで提示されることで、飲料品を飲む量が増えるのではないか、と論文の著者らは考えたのである。

結果（図1）はとてもオモシロイものだった。

まず、実験開始前に自由に飲食ができて、特に喉が渇いていなかった被験者群では、サブリミナルカットで「乾き」を示唆された場合と「無関係な語（海賊）」を提示された場合とで、飲料品を飲んだ量は全く変わらなかった。一方、実験開始前に3時間飲食を禁止された

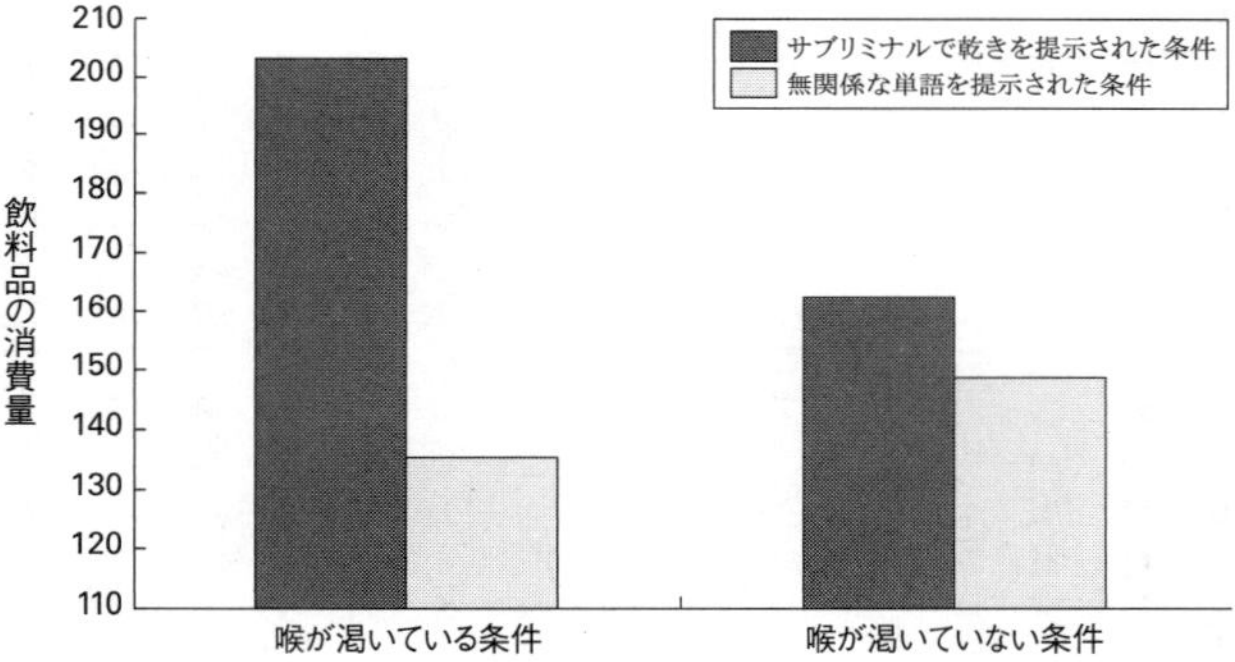

図1　喉が渇いていないときは、サブリミナル提示の違いは飲料品の消費量を変化させない。一方で、喉が渇いているときは、サブリミナルに乾きを提示されることで、飲料品の消費量がぐんと増えている

Erin J. Strahan, Steven J. Spencer, and Mark P. Zanna (2002) Subliminal priming and persuasion: Striking while the iron is hot. Journal of Experimental Social Psychology, 38, 556–568.

群では、「乾き」をサブリミナル提示されることで、飲料品を飲む量が1・5倍以上にグンと増えたのである。

つまり、**喉が渇いている、何か飲みたい、という欲求があるときに限って、その欲求に合致するサブリミナルカットの効果があった**というわけだ。まさに、コロンボに描かれていたケースとドンピシャで同じことが科学的に証明された。キャビアで喉が渇いているときには、「水を飲め」というサブリミナルカットが有効だと、この論文は証明してしまった。ヴィカリーの話を「嘘から出たまこと」にしてしまったのである。なんと驚くべき実験だろうか。

音楽を使ったサブリミナルカットの実験

この論文では、もう一つ特筆すべき実験を行っている。90人の大学生を使ってほぼ同じ実験を行ったものである。

まず、実験を開始するにあたって「実験は3つ行います。3つ目の実験では他の方と共同で話し合って意思決定してもらいます」と伝えられた実験群と「実験は3つあり、すべてあなた単独で行うものです」と伝えられた統制群があった。つまり、後から他人と絡むことを想定していた実験群と、他人と絡むことがないと想定していた統制群となる。

そのように告げられた被験者は、まずパソコン画面上の単語の判別課題に取り組んだ。そして、その課題遂行中に、パソコン画面上にサブリミナルカットが提示された。

半分の被験者には、悲しい表情を浮かべた顔がサブリミナルカットで提示され（ネガティブ感情条件）、もう半数の被験者には、顔と同じサイズのただのマルがサブリミナルカットで提示された（ニュートラル感情条件）。

著者たちは、悲しい顔をサブリミナルで提示することで、それを見た被験者が無意識のうちに悲しい気分に誘導されることを仮定していた（人の同調性を用いた効果）。一方、ただのマルでは、なんら気分は変化しないだろうと想定していた。

次に、被験者は「次の課題ですが、2つのミュージシャンのグループのCDを聴いてその楽曲の評価をしてください」と告げられる。さらに「2つのグループのうち『ツイード・モンキー』というグループはあなたを明るい気分にさせるような曲を書いています。もう一方のグループの『クリスタル・ハンマー』は音楽的に独創的な曲を書いています」という情報を提示される。その上で、2つのCDの曲を全部聴いて楽曲の評価をしてもらった。

最後に、「もう一度、2つのグループの全ての楽曲の中から、7曲だけ聴くことができますが、どれを聴きますか？」と尋ねられる。このとき、明るい曲のツイード・モンキーの楽曲が何度選ばれるかを記録した。

仮説はこうである。

他者と協力して行う課題がこの後に控えていると思い込んでいる被験者は、自分の気分をポジティブなものにしておきたい。なぜなら、その共同作業の相手に対してネガティブな自分をなるべく見せたくないからだ。一方、3つの実験を全て自分単独で行うと信じている被験者は、自分の気分がポジティブでもネガティブでもどちらでもよいと思っていることが想定される。

そういったメンタルの状態で悲しい顔をサブリミナルで提示された場合、自分の感情がネガティブな方向に引っ張られてしまう。一方で、ただのマルをサブリミナルで提示された場合、自分の感情はポジ・ネガ、いずれにも引っ張られない。

先の実験と同じで、サブリミナルカットの効果が、そのときの被験者の欲求と合致している場合にだけ現れるなら、「悲しみ顔をサブリミナルカットで提示され、かつこの後に他人との共同作業があると思い込んでいる被験者は、無意識のうちに自分の気分をポジティブにするために、最後に7曲聴ける場面で、ツイード・モンキーの明るい曲をより多く選択するだろう」という仮説が成り立つ。

結果（図2）は、まさにこの予想の通りになった。

3つの課題を全て一人で行うと思い込んでいた被験者群では、サブリミナルカットで悲しみ顔が提示されても、マルが提示されても、最終場面で明るい曲のツイード・モンキーの曲が選ばれた回数はともに3・9回程度だった。一方、後々他人との共同課題があると思い込んでいた被験者で、サブリミナルカットでただのマルが提示された被験者群はツイード・モンキーをやはり3・9回しか選ばなかったが、悲しみ顔を提示された被験者群では、それが4・5回にも跳ね上がった（統計的な検定の結果、両者の差は有意味だと確認されている）。

被験者の無意識の心の動きを再現すると、以下のようになるだろう。

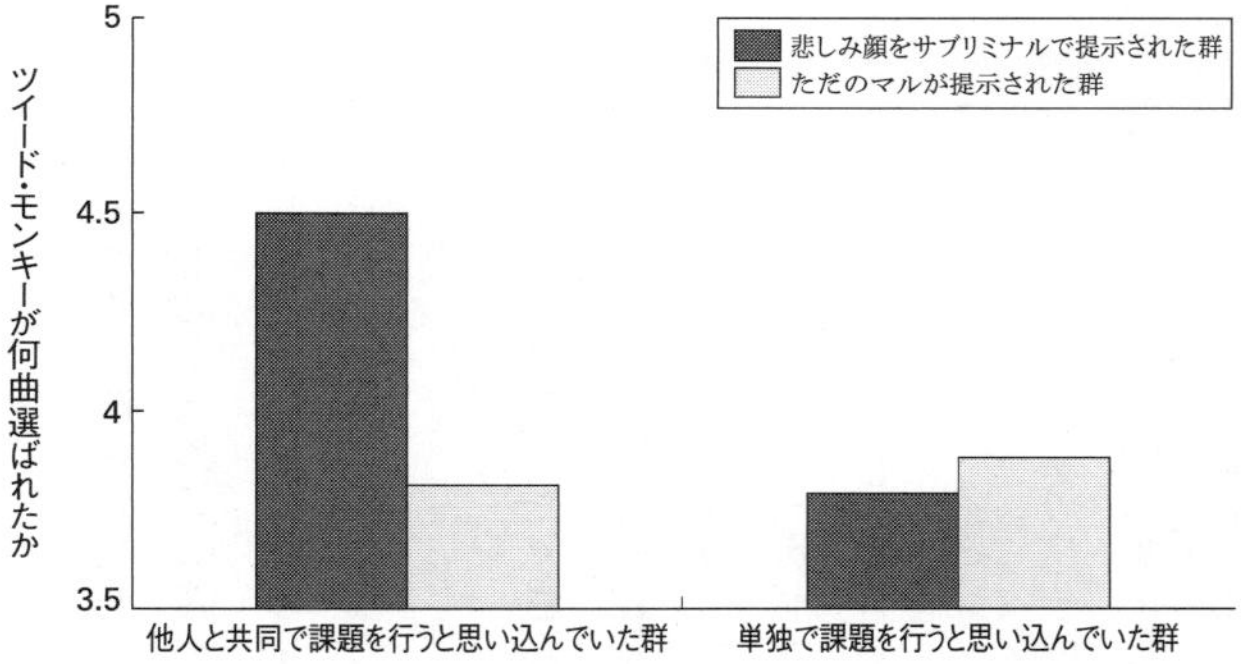

図２　単独で作業を行うと思っていた右の２つのバーには差がないが、他人と共同作業をすると思い込んでいた左の２つのバーの被験者では、悲しい顔をサブリミナル提示されることで、ツイード・モンキーを選ぶ回数がぐんと増えている

Erin J. Strahan, Steven J. Spencer, and Mark P. Zanna (2002) Subliminal priming and persuasion: Striking while the iron is hot. Journal of Experimental Social Psychology, 38, 556–568.

「このあと他人と共同作業があるから、少しでも気分をよくしておきたい。にもかかわらず悲しみ顔のサブリミナルカットが提示されたために、なんだか気分が落ち込んでしまう（この気分の落ち込みには意識的には気がついていない）。よし、少しでも多く明るい曲を聴いて気分を盛り返そう！」

これが被験者の無意識のうちの心の流れである。

繰り返すが、恐ろしいことに、この心の流れはすべて無意識のうちに行われ、意識的に明るい曲が選ばれたわけではない。全く無意識のうちに、彼らの行動を変化させることができる。サブリミナルカットの恐ろしさは、まさにここにあるだろう。

ストラハンらが明らかにしたことをもう一度まとめておこう。

ヴィカリーの元々の話は確かに捏造だった。しかし、サブリミナルカットで提示されるものが、それを見ている人物のまさにその瞬間の「欲求」と密接に関連があるときに限って、サブリミナルカットは無意識のうちに我々人間の行動を大きく変化させる力がある――。

特定のブランドを、たくさん買わせることも可能？

この実験は、２００６年に追試が行われて成功している。

オランダの研究グループで、カレマンスという人物が、「ジャーナル・オブ・エクスペリメンタル・ソーシャル・サイコロジー」という、先のストラハンらと同じ学術誌上で報告した論文がそれだ。タイトルが秀逸で、「ヴィカリーのファンタジーを超えて。ブランド選択のサブリミナル・プライミングのインパクト」というものだった。

彼らの実験では、より広告的な興味に寄っており、紅茶の「リプトン」を買わせるためには、というテーマで取り組まれている。つまり、ある特定のブランドを、サブリミナルカットによってより多く買わせることができるのか、ということを実験で確かめ、そしてそれが部分的には成功しうるという驚きの報告をしているのだ。

実験には61人の大学生に参加してもらった。彼らは、パソコン画面上での単純反応課題と呼ばれるものに従事した。それは、画面の右か左かに円が出てきて、その場所に応じて、正しくかつできるだけ早く対応したボタンを押すというものだった。

この課題の最中に、わずか23ミリ秒だけ画面の中央に「Lipton Ice」という広告のようなサブリミナルカットが提示された。リプトン・アイスとは、あの紅茶のリプトンの「つめた～い飲料」である。

これと比較するために、統制群を設けた。統制群の被験者には、同じ英語のフォントだが、無意味な並び順である「Npeic Tol」をサブリミナルカットで提示した。

次に被験者は、消費者心理の実験として、「リプトン・アイス」か「スパ・ロード」というオランダで非常に人気のあるミネラルウォーターかのいずれかを飲んで評価してもらいたいと告げられ、その2つのうちどちらの評価実験に参加するかを答えてもらった。

そして最後に、今どれくらい喉が渇いているのかを質問紙に回答してもらった。

さて、結果（図3）を見てみよう。

最後の質問紙で「今は喉が渇いていない」と答えた被験者について調べると、サブリミナ

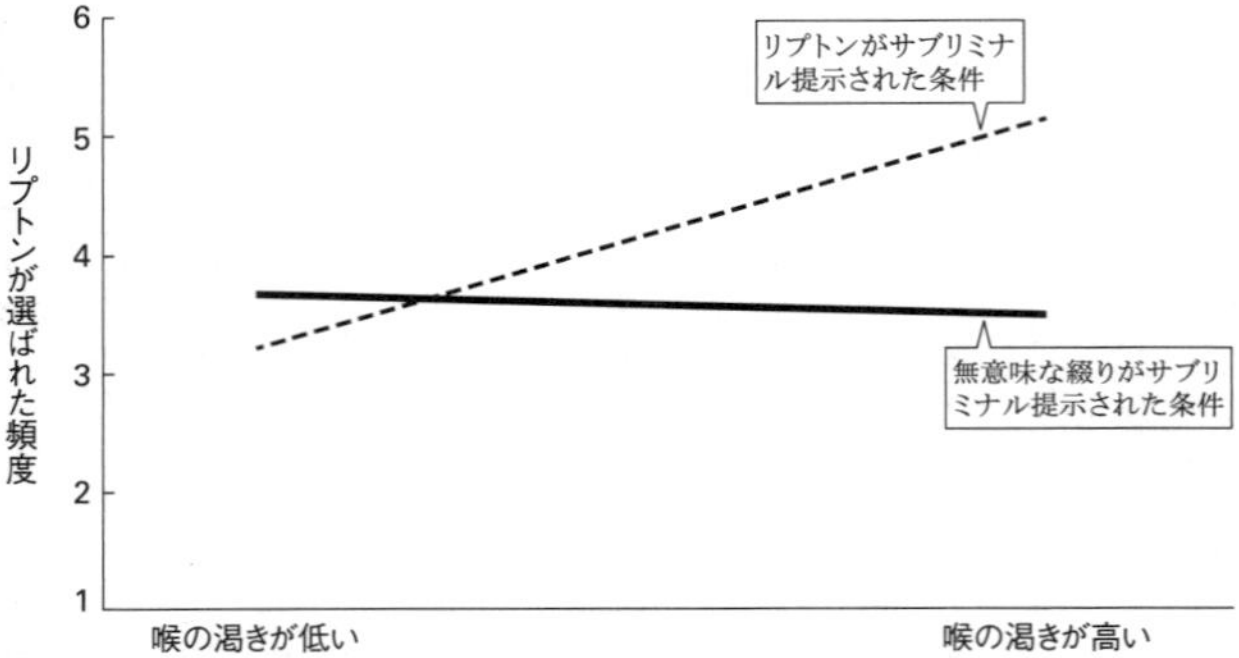

図3　喉の渇きの程度が低いときには、サブリミナルに何が提示されてもリプトンの選択率は同じだったが、喉の渇きが激しいときには、サブリミナルでリプトンが提示されるとリプトンの選択率がぐっと上がっている

Johan C. Karremans, Wolfgang Stroebe, Jasper Claus (2006) Beyond Vicary's fantasies: The impact of subliminal priming and brand choice. Journal of Experimental Social Psychology, 42, 792–798.

ルカットでLipton Iceが提示されても、無意味な綴りのNpeic Tolが提示されても、消費者評価の対象としてリプトンが選ばれる頻度には何も影響が出なかった。

一方、「今喉が渇いている」と答えた被験者では、サブリミナルカットでLipton Iceが提示されると、無意味な綴りを提示された被験者に比べて、リプトンが選ばれる頻度が1・5倍程度に伸びた。

つまり、喉が渇いているときに限って、リプトンというブランドのサブリミナルカットの効果が出た。**被験者の欲求とサブリミナルカットの中身が対応するときに、サブリミナルカットは、人間の行動を変化させるような強い効果を持つのである。**

塩飴を使った実験

オランダのカレマンスらはさらに驚くべき実験を行っている（オランダ人の発想の柔軟さは本当に凄い）。

彼らは同じ実験を開始する前に、塩飴を舐《な》めてもらう群と、何も舐めない群の2群を設定した。塩飴を舐めると一時的に喉が渇く。このようにして強制的に、そして迅速に被験者の半数の喉を渇かせたのである。

もし、サブリミナルカットの効果が飴を舐めた群のみで得られるならば、やはり人間の欲求と合致したサブリミナルカットだけが効果を持つという結論が導ける。

そして結果（図４）は、ずばりその通りになったのである。

塩飴を舐めず、喉が渇いていなかった群では、サブリミナルカットでリプトンを提示された条件と無意味な綴りを提示された条件で、最終段階でリプトンを消費者評価の対象に選ぶ確率は50％と30％となり、小さな差が生じた。

一方で、塩飴を舐めて喉が渇いているときには、サブリミナルカットで無意味な綴りが提示された群では、わずか20％がリプトンを選択しただけなのに対して、リプトンを提示され

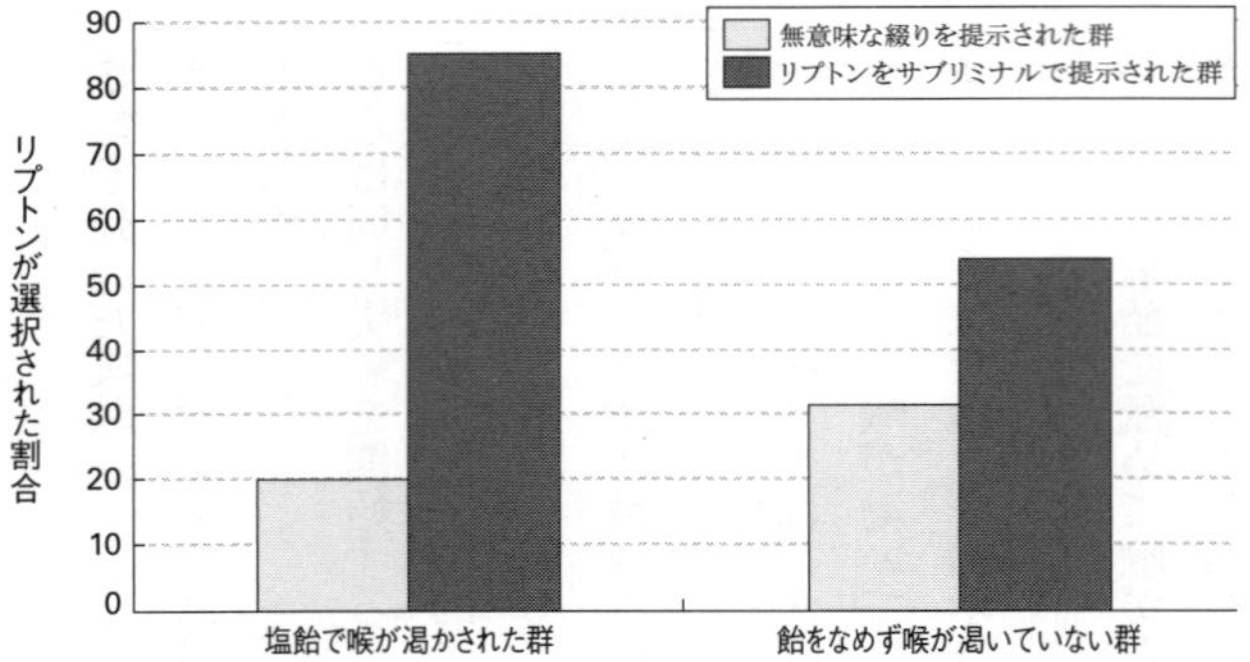

図4　喉が渇いており、リプトンをサブリミナル提示される条件では黒いバーが突出して上に伸びている。つまり、喉が渇いているときに限って、サブリミナル効果が強く出たことが示されている

Johan C. Karremans, Wolfgang Stroebe, Jasper Claus (2006) Beyond Vicary's fantasies: The impact of subliminal priming and brand choice. Journal of Experimental Social Psychology, 42, 792–798.

た群では、80%以上がリプトンを選択した。つまり、サブリミナルカットが絶大な効果をもたらし、人間の意思決定、選択という行為を大きく変えてしまったのである。

サブリミナルカットには、特定のブランドの購買を大きく変動させるような力がある。ただし、それは人間の欲求がベースになくてはならない。つまり、おなかが空いているときにテレビ画面で「ラーメン」というサブリミナルカットが提示されれば、キッチンにふらふらと行ってカップ麺の備蓄を探してしまう。一方でおなかが空いていなければ、そのサブリミナルカットは何も効果をもたらさないというわけだ。

お酒が飲みたい気分のときに、サブリミナ

ルで「ビール」と提示されれば、ワインではなくビールを冷蔵庫の中から探してしまう。さらに特定の銘柄「アサヒ」「キリン」などが提示されれば、ビールの中でもその銘柄を、無意識のうちにとても飲みたくなってしまうということがありうるのだ。

本章ではサブリミナルカットの真偽について、心理学的に正しく、かつ最先端の話まで入れて説明した。結局、サブリミナルカットには効果がある、というのが現状での暫定的な結論になるようだ。ただし、元々の話が捏造だったということも、必ず覚えておいてほしい。

5年後、10年後、さらなる否定や肯定が繰り返されていることだろう。心理学の専門家でも、この件はうかつに結論を出せないのだ。結論を出すためには、紹介した2本の論文が今後再現できるのか、できないのかという追試実験の研鑽《けんさん》を待つ必要がある。何より、とっかかりとなったヴィカリーの話が嘘だから、高い再現性をもってして、はじめてサブリミナルカットの効果が証明されたといえるようになる。そのためには、現状ではまだデータが少ないといわざるを得ないだろう。それが心理学者としての正しい判断だと私は思う。

ただし、真偽の怪しさを含めて、サブリミナルカットに関する心理学的な顛末はストーリーとして魅力的だなと、日々感じている。このオモシロさが伝わっていれば幸いである。

6章　血液型診断という亡霊

血液型診断の歴史

心理学者をしていると年に何度か「血液型診断」について「本当はどうなんですか?」という質問を受ける。この答えは「**血液型診断は完全に嘘である**」というものになる。これについて、本章では入念に説明を行っていく。

説明を行う前に、血液型診断を簡単に定義しておきたい。

血液型診断とは、血液型のタイプであるA、B、AB、Oの4パターンごとに典型的な性格特性があるという言説を指す。曰く「A型には、神経質な人が多い」。曰く「B型は個性的であり、悪くすると変人が多い」。曰く「O型はおおらかで細かいことは気にしない」。曰く「AB型は謎めいた性格をしている」。

これらの言説は科学的なサポートが得られているのだろうか？　科学的に証明がなされているのだろうか？

多くの日本人は「なんとなくそういう証明がなされているのだろうな。でも詳しいことはよく知らない」という状態にあることが想像できる。

はじめに結論をいってしまえば、**血液型診断を支持するような科学的なデータは一切なく、血液型診断は全くもって根拠のないエセ科学である。**読者の中には、この結論に驚く人もいるだろう。嘘、でたらめが、あたかも科学的な真実かのように、日本人に広く信じられているからだ。ここにも、絶大な人気があるのにもかかわらず、正しい姿が全く知られていない心理学の不思議さが如実に現れているように私は思う。

なぜそうなったのだろうか？

そのことをきちんと理解するために、時代を追って、血液型診断の歴史を見ていこう。

日本における血液型診断のルーツは、１９２７年に古川竹二によって発表された論文に端を発する。古川は「心理学研究」という、日本で最高峰の心理学の学術誌に「血液型による気質の研究」というタイトルの論文を発表している。これが血液型診断の元祖、ルーツだと考えられる。

しかしながら、この論文、実際に読んでみると、とても科学論文とはいえない代物なのだ。ほとんどの考察が、主観と古川の経験からの話をもとにしており、まともな科学的根拠に根ざしていない。さらに、科学的な手法である統計を用いておらず、性格と血液型の関係についてほとんど思い込みといってもいいような内容がつらつらと記載されている。

この論文は、発表後すぐに「科学的な根拠がない」として、多くの他の科学者・心理学者が批判し否定している。さらに1933年には、日本法医学会によって正式な否定の宣言が出されるに至っている。

戦前とはいえ、あまりにも科学的でない思い込みを「科学」の体裁、すなわち論文として発表してしまった罪は大きいだろう。その後100年にわたって、血液型診断という誤信を生み出してしまったからだ。

戦後に巻き起こった血液型診断のブームの火付け役となったのは、能見正比古が1971年に著した『血液型でわかる相性』という本であるのは間違いない。この本が大ベストセラーになったために、日本人の多くが血液型と性格が関係していると思ったようである。この本では、政治家などの職業別に血液型の分布の割合を求めて、血液型によって性格が規定されているという主張が繰り返されている。

しかし、能見正比古の主張も、ベースとなった古川の主張とほとんど同じレベルのものであり、統計に基づいた数学的に正しい分析ではなく、思い込みをつらつらと記載しているエセ科学としかいえないようなものだった。にもかかわらず、この本は大ベストセラーとなり、その後も、数年ごとに血液型診断のブームが訪れるようになってしまった。

国によって異なる血液型の割合

私見を挟むと、そもそも、日本人はA、B、AB、Oのバランスが非常によい。Aが多数派であり、AB、Bは少ないながらもそれなりにいる。そしてOもよい塩梅の割合である。具体的に書けば、A型が40％、B型が20％、O型が30％、AB型が10％である。この絶妙な割合こそが、血液型診断の面白さを生んでいるのだ。少数派のB型を、変人呼ばわりして馬鹿にするのは楽しいし、O型をおおらかだといっても、そこそこ当たっているような気がする。最大多数のA型について、大半の日本人の特徴である「神経質」と呼ぶのも、非常に面白みがあるではないか。

ここで、ちょっと、南米のコロンビアを見てみよう。A型が27％、B型が10％、O型が61

％、ＡＢ型が２％となっている。これでは、ＡＢ型に出会える頻度がぐっと下がるし、あまりにもＯ型が多すぎる。60％のＯ型が２％のＡＢ型をこけにしたら、もはやそれは笑えない、いじめの様相となるだろう。だから、コロンビアでは血液型診断は流行っていないし、これからも流行らないだろう。

スペインはどうか。Ａ型が46％、Ｂ型が７％、Ｏ型が44％、ＡＢ型が３％となっている。ＡとＯが拮抗しており、どちらが主導権を握るか難しいところである。そのため、日本のようにＡ型が他を笑い者にするという構造は取れないだろう。したがって、スペインでもやはり、血液型診断は流行りそうもない。

そもそも皆さんは、血液型の分布の割合が国によってこんなにも変動することを知っていただろうか？

おそらく多くの人は、血液型についてよく知らないにもかかわらず、血液型診断を信じているのではないだろうか？

誤信、迷信は無知から生まれるとは、よくいったものだなあとつくづく思う。

血液型診断の科学的な研究

血液型診断についての科学史に戻ろう。

時は1980年代。松井豊先生によって、1980年、1982年、1986年、1988年の4回の調査で、合計1万2418名分の血液型と性格特性に関する調査データが取得された。このデータを総合して、1991年に松井先生ご本人が「血液型による性格の相違に関する統計的検討」というタイトルの論文を発表されている。この論文でも、血液型と特定の性格特性の間の因果関係や相関関係は一切見つからなかったと報告されている。

これほどまでに大規模な調査が、すでに1980年代に行われており、血液型診断は科学的に否定されているのだ。

さらに心理学業界の中では、草葉の陰ともいえる、血液型診断を否定する膨大なデータの積み上げが数十年にわたって行われてきた。それは、雑誌論文の形にはならなかった無数の卒業研究、卒業発表たちのことである。

「心理学業界あるある」に「血液型と性格の関係に関する卒論は失敗する」というものがある。過去40年以上にわたって、日本各地で、かなり多くの大学4年生が卒論で血液型と性格をテーマに調査を行い、無惨にも「効果なし、相関関係はない」という少し悲しい卒業発表を行ってきたのである。

さらに、世界でも繰り返し否定的なデータが報告されている。特に2000年以降は、全世界的に血液型と性格になんらかの関係があるという仮説が繰り返し、否定され続けている。具体的には、カナダ（Cramer & Imaike, 2002）、台湾（Wu, Lindsted & Lee, 2005）、オーストラリア（Rogers & Glendon, 2003）での大規模調査で、血液型と性格の相関関係は否定されている。

なお、より詳細な歴史を知りたい方は、日本の偉大な心理学者である村上宣寛先生の著書『「心理テスト」はウソでした。受けたみんなが馬鹿を見た』をぜひ一度お読みいただきたい。素晴らしい名著であり、オススメである。

もはや宗教

ところが、否定的な科学実験の報告が続いた2000年代に入っても、マスメディアをはじめとするありとあらゆる場所で、血液型と性格の関連を示す「エセ科学」が繰り返し報じられている。

具体的には、2004年に「発掘！あるある大事典2」において、血液型によって性格が異なるという放送が大々的になされた。皆さんご存知の通り、この「発掘!あるある大事典2」はその後、やらせ、データの捏造が指摘され番組が打ち切りになるという「いわく付き」のエセ科学番組である。しかしながら、2004年時点で「発掘!あるある」が放送した血液型の特集は、多くの一般視聴者に「真実である」と受け止められてしまったようだ。

さらに続く2007年には『B型自分の説明書』という書籍が大ヒットしてしまう。2013年には「血液型くん!」というアニメが放送されて人気を博し、2015年の1月からはその第2期、同年10月からは第3期までもが始まった。

このように日本人は、血液型診断についてその科学的な経緯を何も知らず、ただただ闇雲にそれを「なんとなく正しい」と信じている。これは**もはや宗教**である。

驚くことに2015年現在でも、就職試験の必要書類に血液型を問う企業があるという。幼稚園でのクラス分けで、血液型を参考にしている所があるという話もよく耳にする。

日本にいると、自分が就職したい企業や、自分の子供が通う幼稚園までもが血液型を基盤に据えた話をあなたにしてくるのである。これはもはや、血液型の神話を信じるなという方が無理なのではないかとさえ思ってしまう。

客観的なデータでは、人の信念は変えられない——確証バイアス

一方、心理学者は血液型の話を一般の人にあまりしたがらない傾向があるように思う。

血液型診断とは、もはや信仰であり、信じている人は頑なに信じている。そういった人を前に、「あれは嘘なのだ」「信じるものは馬鹿者だ」という内容の言説を、果たしてあなたはできるだろうか？

これはほとんど「キリスト教なんて嘘だ」「イスラム教なんて嘘だ」と、信者に対面で直接言い切るようなものだ。どれほど辛い時間がその後に訪れるのか、想像に難くないだろう。心理学者が意を決して「血液型診断を信じてはいけない」と発言したところで、世界は変わらない。それどころか、その場をしらけさせ、新しい敵を一人作るだけだ。だから、心理学者はおしなべてこの話題が嫌いだ。

たとえ話として、最近私に降り掛かった論争を紹介したい。

２０１５年、ソフトバンクホークスは、圧倒的な力でリーグ優勝した。パリーグ史上、最速の優勝決定で、驚くべき貯金数と極めて高い勝率を記録。59年ぶりに90勝にも到達し、まさにホークス史上最強といえるシーズンだった。その強さはデータ的にも裏付けられる。

さて、ある日私は、博多の温和で優しい友人に「今年のホークスは強すぎる。過去最強で

ある」といった主張をした。するとその友人は「でも、2003年の方が強かったと思うよ。個人タイトルも総なめだし、100打点カルテットだよ!!」と反論した。その後、私と友人は「今年が最強」「2003年が最強」という平行線の会話を続け、お互いわかり合えずにけんか別れのような状態になってしまった。

実際のところ、見方を変えれば、2003年が最強ともいえるし、2015年が最強ともいえたのだ。チームの強さは主観的なものだから、はじめから正解はないのである。自分が何に価値を置いているか、それによって真実の解釈は変わってしまう。よって、私が2015年最強説を押し付けたことがそもそも間違いであり、理のない一人よがりだったと、今では深く反省している。ごめんなさい。

2003年最強説を強く信じている人と、2015年最強説を強く信じている人は、お互いの信条こそが正解であり、信条のぶつかり合いを論理的にまとめあげることは決してできないのだ。

これと同じことが血液型診断を否定する際に起こってしまう。

血液型診断を信じている人は、どんなに客観的なデータで裏付けても、そのデータを信じない。「血液型診断最高!」状態で、聞く耳を一切持ってくれない。彼らは、自分自身の今までの「経験」という偏ったデータのみを信じ、そこに依拠して、血液型診断の否定に耳をふさぐ。客観的なデータがあるかないかは、人間の信念を変える力とはなんら関係がない。結局は、自分の信じるものを守りたい、そのためにデータをゆがめることさえしてしまう。

この人間の持つ心の性質のことを、専門用語で「**確証バイアス**」という。人間は客観的・科学的に自身の信念を補正することができず、自分の信じるものに合致する情報（つまり確証）のみを信じて、自分の信念が常に正しいものだと思い込む性質を持つ。だから、心理学者の多くは血液型診断を強く信じている人に対して、「それは間違っているよ」とは言わない。無駄な口論は時間と労力の無駄だからだ。信念を否定する行為は、もの凄くエネルギーが必要だし、宗教を批判する先の例のように、大抵はけんか別れで終わってしまう。

「何が客観的・科学的に正しいのか」ではなく「自分は何を正しいと信じているのか」こそが、人間にとって重要なのである。他人の信条をねじまげようとする行為は、どんなに客観的かつ科学的に正しくても、無意味な行為なのだ。

最強の血液型診断否定論文登場

そういう構造の中で、心理学者は血液型診断というエセ科学を野放し状態にし続けてきた。

悲しいことだが、それが事実である。

だがしかし、2014年に圧倒的なデータ数によって、血液型診断を決定的に否定した論文が日本社会に提示された。おそらく、多くの日本人はその論文の存在を知らないだろうが、心理学者にとってはエポックメイキングな出来事だった。

それは2014年に、私の同僚の九州大学の縄田健悟先生によって発表された。

というわけで、日本の心理学の最高峰の学術誌である「心理学研究」に掲載された縄田先生の論文を紹介しよう。タイトルはそのものずばりで「血液型と性格の無関連性——日本と米国の大規模社会調査を用いた実証的論拠」というものだ。タイトルからだけでも、「決定的な否定」がなされるのだなとワクワクするではないか。

縄田先生は、2000年以降に調査された血液型と性格に関するデータを、日本とアメリカから集められるだけ集めて、もう一度一つの基準で解析し直した。

日本のデータは、2004年度に2987のサンプルで行われた調査と、2005年に3763のサンプルで行われた調査から集めた。アメリカのデータは、2004年に4979のサンプルを集めた調査のものを使用した。縄田先生は、日米合わせて1万件を超えるデータを集めることに成功し、その再解析を実施した。

それらのデータは、性格に関する様々な質問に対して、「とてもよく当てはまる」は5点、「全く当てはまらない」は1点というように得点を付けて回答するものだった。

質問の具体的な中身は、「老後が気にかかる」「周りの人と同じような行動をとっていると安心だ」「楽しみは後にとっておきたい」「日頃の生活の中で充実感を感じている」というようなものだった。例えば、心配性の性格特性の人ならば、老後が気にかかり、周りと同じ行動をとれば安心し、楽しみは後にとっておく、という回答が期待される。

その解析結果は、これらの質問への回答得点が、血液型のタイプによって有意味な差が生じるほど異なる傾向になることは全くないというものだった。

この「有意味な差」について簡単に説明しておこう。

例えば、「老後が気にかかる」という質問に対する得点の平均値を血液型ごとに算出したとしよう。A型の平均得点が3・2点で、B型が3・5点になったとする（ここでの点数は仮想のものである）。縄田先生は、この0・3点の差が、偶然に起こった差なのか、有意味な差なのかについて統計解析を行ったが、ほとんどすべての項目について有意味な差は確認されなかったことを証明したのである。

解析を繰り返し行うと、統計の値が偶然に有意味な差を示すことがある。例えば統計解析を100回繰り返すと、何回かは偶然に、無意味な差を有意味な差だと間違って判定してしまう危険性がある。

正確にいえば、縄田先生の解析でも、完全にすべての項目で血液型との相関関係が否定されたわけではない。しかし一貫して、繰り返し再現できる有意味な差は一つも生じなかった。A型が他の血液型に比べて神経質だということもなかったし、O型がおおらかだということもなかった。B型が変わっているということも完全に否定されたのである。

縄田先生はさらに、仮に無理矢理、得られた性格の得点を血液型で説明した場合、その得点の振る舞いを何パーセントほど説明することができるかという疑問に対して、同じく統計の手法を使って回答を試みた。

その結果、血液型で得られたデータが、性格を説明できる割合は、わずか0・3%にも満たなかった。つまり、完全に両者は無関係だったのだ（ここでは一般読者のために、統計の話を非常にシンプルかつ直感的にわかりやすく書いている。そのため、表現に正確性が欠けるが、専門家の先生方にはどうかご勘弁いただきたい）。

少し難しい統計の話をすると、一般にサンプル数が大きいほど、関係性は見いだしやすい。もし、本当に血液型と性格になんらかの因果関係があるならば、100人の調査よりも1万人の調査を行った方が、断然強く関係性を見ることができる。

縄田先生は1万人という驚くべき数のサンプルを使っている。それでも、血液型の効果がなかったのだから、血液型は性格に影響しないという結論は極めて強いものだと考えてよい。まさに、血液型診断の否定論文の決定版だといえる。

小話だが、縄田先生は研究に対してとてもストイックで、素晴らしい研究者である。そして発想が極めて柔軟であり、日本人が誇りに思える心理学者だ（この血液型の論文以外の縄田先生の論文も、どれもとてもユニークで秀逸で面白い）。私も大いに薫陶を受けた。

「白いカラスはいない」という命題は証明できない

科学では、効果がないことの証明はできない。存在がないことは、証明できないのだ。

例えば「白いカラスはいない」という命題は、証明不能である。なぜなら、世界中のすべてのカラスを確かめることはできないからだ。仮に、現存するカラスに白いものがいないということが証明できたとしても、未来永劫にわたって、白いカラスが生まれないことの証明にはならない。同じく、過去のどこかしらの場所に白いカラスがいなかったことの証明もできない。だから、**血液型と性格の因果関係が「ないこと」も同じく証明できない**のだ。

科学にできるのは、現状で集められる限りのデータでは、血液型と性格にはなんら因果関係がないことを〝暫定的に〟指摘することだけだ。

データを10万件、100万件集めれば、因果関係が見つかるかもしれないし、すでに手に入れることができないような過去の日本人のデータの中では、両者の因果関係が成立していたかもしれない。5年後、10年後に同じ実験を行って、同じように否定的な結果が得られるという確証も科学はもたらさない。

この科学の特性ゆえに、血液型診断はいつまで経っても100パーセント否定されることがないのである。このあたりも、日本人の血液型診断信仰が絶えない理由の一つである。

ダダモ博士の「血液型別ダイエット法」

本章を書くにあたり、改めて血液型診断に関する色々な記事や論文に目を通してみた。その過程で、昨今ネットで血液型診断が再ブームになりかけていることをつかんだ。アメリカの科学者で医師のダダモ博士という人物が「血液型別ダイエット法」というものを提唱しており、それが日本で静かなブームになっているらしいのだ。

ダダモ博士によれば、血液型によって免疫系の成り立ちに個性が生まれるため、その個性に応じて、つまり血液型に応じて適切な食事療法を行えば、自然に痩せられるという。A型とB型では、ダイエット方法を変える必要がある。なぜなら、血液型は我々人間の成り立ちを根本から変えるような重要な違いを生むのだから、というのが、ダダモ博士の主張だ。

ダダモ博士は、いくつかの科学論文を実際に執筆しており、血液型によって免疫系の働きが変化するという主張を、その論文内で行っている。つまり、完全に「科学」的に血液型診断をサポートしているのである。

ダダモ博士の存在とその論文を読み、私は、正直驚いた。血液型診断の新しい夜明けか、とすら思ってしまった。科学者で心理学者の私でもそう思うのだから、一般の方がダダモ博士を妄信してしまう可能性はとても高いと思われた。

だが、しかし、ダダモ博士の主張は、本当に正しいのだろうか？

科学的に、血液型診断に新たな可能性が開かれたのだろうか？

残念ながら、答えは「ノー」のようである。ダダモ博士の主張と、ダダモ博士の科学論文について、何人もの科学者から「科学的に根拠がない」という批判が上がっているのである。

科学論文の形で、ダダモ博士の主張がなぜ嘘なのかを指摘しているものが多数存在する。例えば、カザックらが２０１３年に「血液型別ダイエットは科学的証拠を欠く」という論文を

「アメリカン・ジャーナル・オブ・クリニカル・ニュートリション」という学術誌に発表している。

科学の専門家であれば、一連のやりとりを自分の目で確認すれば、ダダモ博士の怪しさを理解できる。しかし、一般の人はそうはいかない。

そこで、ダダモ博士の主張は怪しいかもしれないという科学的論争の流れを理解するために、あくまでも参考資料程度に考えてもらいたいが、英語版Wikipediaのダダモ博士や血液型別ダイエットの項目を訪れてみてほしい。どういった反論の論文がこれまで学術誌に掲載されているのか、簡単に理解できるようになっていると思う。

ダダモ博士を全否定するには、時間をかけた吟味が科学界の中で必要である。ここでダダモ博士はインチキだと宣言するのは、さすがに時期尚早であるように思う。しかし、これまでの心理学における血液型診断の科学史と、ダダモ博士を否定する科学者からの告発論文を精査するに、やはりダダモ博士にはクエスチョンマークを付けざるを得ないというのが、私の個人的な見解である。

血液型診断は金になる

このように、血液型診断は数年ごとに日本で流行る。そして、ないことの証明は原則できないため、それを否定する言説はどうしても歯切れの悪いものになる。ダダモ博士の血液型別ダイエットについても、本書では明確に否定してはいないし、できないのである。この歯切れの悪さゆえに「もしかしたら、本当は血液型って何かあるかも?」という疑念を消し切ることができない。ダダモ博士の次は、5年後か10年後か、いずれにせよモグラ叩きのように、新しいフォーマット、新しい外見で血液型診断は不死鳥のようにリバイバルしてくるだろう。

心理学者は、血液型診断はまやかしだとわかっているが、業界全体として世間の認識を正そうとする努力をほとんどしていない。もちろん、私個人もそういった努力をほとんどしてこなかった。それは、ある種の信念に対して否定的な意見を述べる際に必ず付いて回る「面倒さ」「大変さ」ゆえのことである。この心理学者の態度と、世間一般の血液型診断を遊びでもよいから信じていたい、という態度があり続ける限り、5年後も10年後も、下手をすれば100年後も、日本では血液型診断のブームが繰り返し起こるだろう。果たして、それでよいのだろうか?

ちょっとした占いレベルの話ならば、血液型診断を野放しにすることは全く問題ないだろう。本気で信じ込んで人生を棒に振るような人は、ほとんどいないはずだからだ。しかし、就職の場面や幼稚園のクラス分けなどで、血液型に対する思い込みが深刻な差別につながる可能性がある。これについては、心理学者として傍観できない事態だといわざるを得ない。これから先、心理学を世に啓蒙する中で、このテーマは避けては通れないものだとも思う。私個人としては、血液型診断は「エセ科学である」と、声高に主張していきたいと考えている。皆さんもぜひとも、この輪に加わっていただきたい。

最後に、血液型診断が数年周期でリバイバルする原因に、「金」が絡んでいることを指摘しておきたい。つまり、血液型診断は金になるのだ。そこそこの発行部数が見込める本のトピックだし、そこそこの視聴率が稼げるテレビのネタにもなる。この金の匂いが、心理学のうさん臭さを助長している。うさん臭い心理学を卒業して、科学としての心理学の面白さを伝えるためには、本章の話は避けては通れない重要なトピックだといえるだろう。

※本章は、村上宣寛先生の『「心理テスト」はウソでした。受けたみんなが馬鹿を見た』及び、縄田健悟先生の「血液型と性格の無関連性——日本と米国の大規模社会調査を用いた実証的論拠」の2つの著作物から多くの情報を得て、多くの元論文にあたることで制作した。お2人の先生には心から感謝したい。

7章　スポーツに「流れ」は存在するか？

「危ない時間帯」は存在するのか？

皆さんは、スポーツには「流れ」があると思っているかもしれない。しかし多くの場合、それは誤信である。そのことについて本章では考えていこう。

サッカーの日本代表の試合を見ていると、名解説者の松木安太郎さん（これは皮肉ではない。松木さんの解説はわかりやすくて私は大好きである）は頻繁に「危ない時間帯ですよ！」と視聴者に告げる。それは「ここ集中して見てね！」というアドバイス、メッセージになり、テレビ観戦を大いに盛り上げてくれる。

確かに、「危ない時間帯」と呼ばれる時間に、多くの失点シーンを目にしているような気

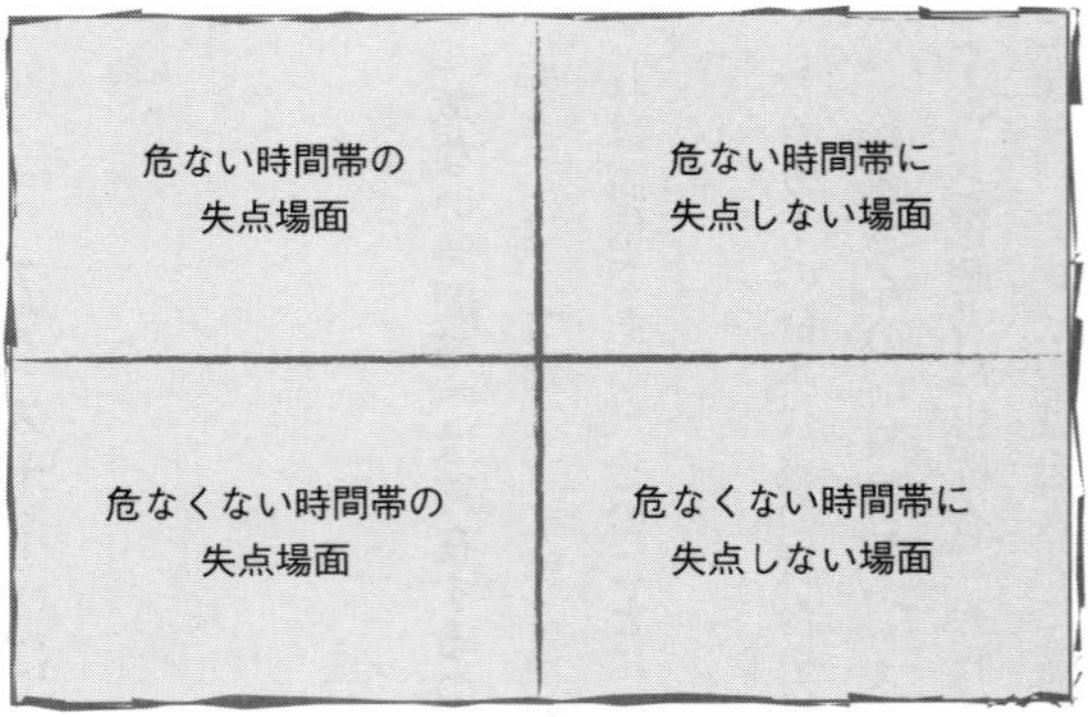

危ない時間帯の失点場面	危ない時間帯に失点しない場面
危なくない時間帯の失点場面	危なくない時間帯に失点しない場面

図1　危ない時間帯を証明するための４つのマトリクス

もする。しかし、本当にそんな特別な時間帯はあるのだろうか？　つまりサッカーに「流れ」は実在するのだろうか？

心理学的に危ない時間帯というものが本当にあるのかないのか。これを明らかにするには、どうすればよいだろう。危ない時間帯には確かに失点が多いという事実を提示すれば、危ない時間帯という「負の流れ」は証明されたことになるのだろうか。

答えは否である。

危ない時間帯というものを証明するには、図１のように４つのマトリクスをすべて埋め、その４つの場面の数を比較検討する必要がある。

心理学に詳しくない人は、おそらく左上のマス「危ない時間帯の失点場面」の数のみに注目してしまうだろう。しかし、心理学的には、失点場面と失点しない場面を図の4つの「ありうるすべてのパターン」で割り出し、統計という数学の手法（具体的にはカイ2乗検定という手法など）を用いて、左上のマスの数が有意味に大きな値になっているかどうかを求める必要がある。

松木安太郎さんが解説をしたすべての日本代表の試合の失点シーンを集めて、松木さんが危ない時間帯だと事前に言った場面での失点が何場面あり、危ない時間帯と言わずに失点したのが何場面あるのか、さらに、危ない時間帯に失点しなかった場面数、危なくない時間帯に失点しなかった場面数がどれくらいあるのかを算出しないといけない。

さて、これらの場面数を頑張って算出し、図2のような数値が得られたとしよう。

左上のマスの数だけを見ると失点場面が20もあり、一般の人は「20場面もあるじゃないか!!　やはり危ない時間帯には失点しやすいのだ!!」とすぐに結論を求める。しかし、4つのマスすべてを見れば、危なくない時間帯にもたくさん失点しているし、危ない時間帯であっても失点していない場面も多いことがわかる。このデータ（これは想像で作った仮のデータだが）を見れば、左上の20という数値を単独で見ても、何も意味がないことがわかるだろう。

人間には、自分の思い込みを強めるようにデータを見るという心の傾向、バイアスがある。

危ない時間帯に 失点 20	危ない時間帯に 失点しない 20
危なくない時間帯に 失点 40	危なくない時間帯に 失点しない 80

図２　図１に数値を加えたもの（数値は仮）

心理学の専門用語で、この傾向のことを確証バイアスと呼ぶということを前章で紹介した。４つのマスを精査するには、頭をたくさん使わねばならないし、時間もかかる。人間はそういったコストを払いたがらない。逆に、左上のマスだけを見て自分の思い込みを強める態度をとってしまう。

さらに、左上のマスが「最も記憶に残ってしまう」ことにも注意していただきたい。危険な時間帯に実際に失点すると「ああ！　やっぱり！」と非常にがっかりして、記憶に残る。

一方で、特段注意を払っていない試合開始直後などの不意の失点、すなわち、危なくない時間帯の失点は、事前に注意して見ていないため記憶に残りにくい。つまり、左上のマスだけ実際の数よりも多いかのような錯覚、誤記憶が起こるのである。

また「危ない時間に失点しない」という事例は、松木さんのコメントの完全なる否定になりうるデータである。それは専門用語でいうと「反証」になるものだが、「選手がよく頑張りましたよ!!」とか「よく凌いだ！」などの言葉を補えば、あたかも「本来失点してしまうべき危ない時間帯は実在したが、選手の努力で乗り越えた」という印象を作ることができる。そうであれば、危ない時間帯の実在は永遠に否定されず、もはや科学的な分析が入る余地がなくなってしまう。

もちろん、テレビの現場で松木安太郎さんとアナウンサーが、

松木「危ない時間帯ですよー！　ああーー、やっぱり失点したー……」

アナ「松木さん、ですが危なくない時間帯の失点もたくさんありますから」

とか、

松木「危ない時間帯でしたが、なんとか凌ぎましたねー」

アナ「松木さん、それって本当に危ない時間帯だったんですか？」

というような掛け合いをするわけがない。

視聴者もスポーツを見ているときくらい、感情的になりたいだろうから、論理学的・心理学的な不備を指摘するのは愚の骨頂であり、まさに興ざめ、無粋になってしまう。私もそれ

くらいのことはわかっている。

もう一つ言い訳をすると、ここでは松木さんの解説試合を実際に解析したわけではない。本来、前記の論理を展開するためには、実際に4つのマスの実数を解析するという心理実験が必要である。しかし今回はその労力を端折《はしょ》ってしまっている。この点は、素直に非を認めたい。もし、どなたか興味がある方がいれば、ぜひ実験として実数を割り出してみていただきたい。

「マーフィーの法則」の謎

これと同じ構造を持つ心理学の話に「マーフィーの法則」と呼ばれるものがある。例えば、もう要らないと思って捨てた書類に限って後々必要になってしまって困る、とか、急いでいるときに限ってタクシーが来ないといった、「あるある」の事例である。

これらの事例がなぜ成り立つように思うのか？　これも、先ほどの4つのマトリクスで正しく理解できる。

図3のように、すべての場面は4つのマトリクスで表現されうる。急いでいるか急いでいないかという2水準と、タクシーが来るか来ないかという2水準である。

急いでいて タクシーが来ない	急いでいて タクシーが来る
急いでおらず タクシーが来ない	急いでおらず タクシーが来る

図3　「急いでいるときに限ってタクシーが来ない」を証明するための4つのマトリクス

一般の人は、左上のマトリクスの数だけに注目し、その事例の数を「単独」で考えて、直観的に「急いでいるときに限ってタクシーが来ない」という結論を導いてしまいがちである。しかし実際には、急いでいないときにタクシーが来ないという場面も多数あるし、急いでいてタクシーがすぐに来る場面だってある。

本当に「急いでいるときに限ってタクシーが来ない」というマーフィーの法則が成り立つかどうかは、4つのマトリクスの数を比較検討してはじめてわかる。

それにもかかわらず、我々は自分の信念に合致する事象「急いでいるのにタクシーが来ない」というマスだけを見て、結論を急いでしまう。酷い場合は、「ああ、あのときもそうだった」という1、2の事例だけで結論を急ぐ人すらいるだろう。

繰り返しになるが、図3の4つのマトリクスのうち、

書類を捨てて、後から必要になる	書類を捨てて、後から必要にならない
書類を捨てず、後から必要になる	書類を捨てず、後から必要にならない

図4　「捨てた書類に限って後から必要になる」を証明するための４つのマトリクス

最も記憶に残るのは、左上である。なぜなら最も不快だからである。一方、その他の３つのマトリクスは、特段不快ではないことが容易に想像できる。急いでいなければ、タクシーはすぐに来ても来なくても、取り立てて困らないから不快ではない。また、急いでいてタクシーがすぐに来れば、それはむしろ快な場面といえる。

そういうわけで、最も不快な左上のマトリクスは、他の３つの場面よりも記憶に残りやすい。そのため、その数自体が実際よりも多く見積もられてしまう。これによってマーフィーの法則「急いでいるときに限ってタクシーがすぐに来ない」が見かけ上・思い込み上、成立してしまうのである。

確証バイアス再び

マーフィーの法則は、すべて4つのマトリクスの形に落とし込むことができる。例えば、「捨てた書類に限って後から必要になる」は、図4のようなマトリクスになる。左上の場面は、不快であり記憶に残りやすい。さらに、左上の場面数が本当に多いかどうかは、他の3つのマトリクスとの比較ではじめて証明されるのにもかかわらず、他の3つのマトリクスが脳内で検討されることはほとんどない。そもそも4つのマトリクスという発想を一般の人は持たない。

人間には、自分の信じている物事を「それで正しい」と証明してくれるようなものを無意識のうちに求める認知のバイアス「確証バイアス」があると、先に紹介した。

例えば、中学・高校時代に、ある異性のことが好きになると、その異性が人間的にも素敵であるという信念を多くの人は持つようになる。すると、その信念に合致した事例を自分から求めるようになる。ゴミをきちんと捨てていたとか、ご飯を綺麗に食べていたとかの事例を、積極的に探し集めるようになるのだ。一方で、その異性の悪い部分は「例外だ！」と考え、記憶にとどめないようにする傾向も同時に持つ。そのため、好きな異性が悪ふざけをしていたとか、悪口を言う面がある、といった事例は、記憶から除外される。その結果、好きな異性は空想の中でどんどん素敵さを増していくのである。

あるブランドを他のブランドよりも優れていると思い込んでいる人は、優れている点ばかりに注意を払い、劣っている点には注意を払わない。パソコンのＭａｃが好きな人とウィンドウズが好きな人がわかり合えないのも、これが最大の原因である。

バスケットボールの「波に乗る」は本当か？

人間の誤信と思い込みについて、もう一つ別のスポーツの事例から考えてみよう。

バスケットボールの世界にある誤信「波に乗る」をテーマに据える。

私自身、バスケットボールがとても好きで、時間があれば大学の体育館でシュート練習をしている。学生と週１で簡単な試合もしていて、日々、うまくなりたいなあと思いながらプレーしている。

週１くらいで試合をしていると、我々のような素人集団でも、「その日のスター選手」というのが生まれることがある。「今日の岸田君は凄かったね！」とか「今日の澤井君は止められないね！」といった状況が頻繁に生まれるのだ。

このように、バスケットボールで「ある日特別な大活躍をする選手が現れる」ことを、アメリカでは「ホットハンド」と呼ぶそうだ。日本では「波に乗る」という表現がそれに対応する言葉だろう。

学生は運動量も豊富で、プレーの引き出しも多いので、おじさんの私はとてもかなわない。私の取り柄は、中距離からのシュートしかなく、運動量も少ない。そのため、私が「ホットハンド」になれることはあまりない。しかし、そんな私でも「なんだか今日はよい感じだ！」と思うことが時々あるし、周りが「今日の妹尾先生はやるね！」などと有り難い言葉をかけてくれることも、ごくたまにある。だから、バスケをしている人のおそらくすべての人は「ホットハンド」の存在を信じていると思われる。加えて、経験者として、それがないとバスケを楽しく続けられないようにさえ思う。

認知心理学における巨星、ギロビッチとトバースキーが1985年に発表した論文「バスケットボールにおけるホットハンド：ランダムシークエンスにみる間違った知覚」（「コグニティブ・サイコロジー」〈直訳すると、認知心理学〉という学術誌に発表）では、このホットハンドについて科学的な検証を行っている。

ギロビッチとトバースキーは、コーネル大学とスタンフォード大学の学生で、年間5試合以上バスケットボールの試合を見ていると答えた人のうち、実に91％が「ホットハンドは実在する」と信じていることを質問紙の調査で明らかにした。つまり、ほとんどすべてのバスケファンが「ホットハンド」という、その日の試合でスターになる大活躍選手「波に乗る選手」がいるという現象を信じていた。

次に、彼らは以下のような仮説を考えた。

もし、本当にホットハンドという事象が実在するならば、シュートの成功は次のシュートの成功を生み、さらに成功が成功を生み続けるはずだと。であるならば、シュート成功後のシュート成功率は、シュート失敗後のシュート成功率よりも高くなるのではないか。そして、2連続シュート成功後の3本目のシュート成功率はもっと高くなるのではないか。

彼らはこのように考えた。そして、フィラデルフィア76ｅｒｓというアメリカのプロバスケットボールチームの１９８１年度のシュート成功率のデータをすべて集め、解析を行ったのである。

その結果、とてもオモシロイことがわかった。以下に列記していこう。

まず全体としてのシュートの成功率は54％となった。

次に、

シュート失敗後のシュート成功率は54％
シュート成功後のシュート成功率は51％
となった。
さらに、
2連続シュートを失敗した後の3本目のシュートの成功率は53％
2連続シュートを成功した後の3本目のシュートの成功率は50％
となり、
3連続シュートを失敗した後の4本目のシュートの成功率は56％
3連続シュートを成功した後の4本目のシュートの成功率は46％
だった。

結果が明確に示していることを端的にいえばこうなる。
シュートの成功は次のシュートの成功率を下げる、シュートの失敗は次のシュートの成功率を上げる、だ。この効果は、連続の成功、連続の失敗の後により強くなる。つまり、実際のデータは、ホットハンドから予測されるべき論理的な仮説の真逆であり、「コールドハンド」とでもいえるような考え方が真実だったのである。「波に乗る」現象は、科学的には存在せず、そのように感じるのは人間側の認知のエラー、誤信や誤解なのだ。

４連続でシュートが決まる確率は50％！

ギロビッチらは続けてこのように主張する。

コイントス（や丁半博打）をして、表ばかり（半ばかり）が連続で４回出ると、人間は「いかさまではないか？」と感じる。しかし、20回コイントスを行うとき、**４連続でいずれか一方の面が出る確率は、実に50％もあるのだ。**

これと同じことがバスケットのシュートで起こっている。シュートの成功率は概ね50％だから、コイントスや丁半博打とほとんど等価である。したがって、一試合で一人の選手が合計で20本シュートを打つと、４連続でシュートが成功する確率は、ただの偶然であっても実に50％もあることになる。

４連続でシュートが決まったとき、我々はその選手を「ホットハンドだ！」と思うが、偶然の範囲で十分にホットハンドのような連続成功が起こってしまう。十分に「偶然に」起こりうる確率の範囲であるにもかかわらず、人間の脳は正確に確率を見積もることができないため、連続成功をその選手の優れた能力の産物と誤解してしまうのである。これがホットハンドという誤解の正体なのだ。

「波に乗る」という現象を根拠なく信じている一般のバスケットファンは、4連続や5連続のシュートの成功を、自分の信念である「波に乗る」に合致すると思い込む。偶然に起こりうる確率の範囲内の現象であるにもかかわらず、「波に乗る」はやはりあるのだ！と思い込む。確率について疑うことはなく、自分の信念をただただ強めてしまう。そのため、誤解は訂正されず、どんどんと強められていく。これは人間が持つ、確証バイアスの典型例の一つである。

前章でも説明したが、この確証バイアスが怖いのは、「明確な科学的なデータ」を、思い込みをしている人物に直接突きつけても、彼らの誤解や誤信が直らないという側面を持っている点だ。

実際、ギロビッチは前記のデータをバスケファンに提示してみた。するとバスケファンは、データそのものを信じないという態度に出たり、ギロビッチらが嘘を言っているとして頑なに信じなかったのである。

人間は、自分が信じているものを否定されると、とても不快になるし、不安にもなる。そのため、客観的なデータとは無関係に、自身の信念を変わらず保つために、人の話をシャットアウトするような行動に走ってしまうのである。

この人間の醜い特性は、マインドコントロールなど特殊な事例で洗脳されたわけではない、ごく普通に日常を過ごしている我々もかならず持つ心・脳の一側面だ。皆さんにも多かれ少なかれ、この心理的な特性があるはずだ。確証バイアスが人間の心に不可避的に存在しているがゆえに、人はけんかをしてしまうのである。

先頭バッターのファーボールは試合の流れを変えるのか?

最後にもう一つ「スポーツの流れ」を否定する研究を紹介しよう。今度の種目は日本人が大好きな「野球」である。加藤英明先生と山崎尚志先生による研究の一端を紹介する。

彼らは、2005年のセ・パ公式戦全試合の全ての得点場面の解析を行った。詳しくは、彼ら2人の共著である『野球人の錯覚』を読んでいただきたい。素晴らしい名著であり、野球におけるありとあらゆる「流れ」を否定し、それらがいかに間違った信念であるかを丁寧に解説している。ここでは、その中のごくごく一部だけを簡潔に説明する。

「野球の試合の流れ」に関して、野球人自身が誤信に基づいた発言を頻繁に行っている。それらの言説のうちで、まず取り上げたいのは「先頭バッターをファーボール(四球)で出塁させると最悪な流れになる。ファーボールで塁に出すくらいならば、むしろヒットを打たれた方がよいくらいだ」という野球解説者の定番のフレーズである。

少し言葉を補うと、ノーアウトから先頭バッターをファーボールで出すと、試合の流れが大きく相手に傾いてしまう。そのため、その後ヒットを打たれるなどして大幅な失点につながる。流れを相手に渡せば、試合を落としかねない。であれば、ノーアウトからファーボールのランナーを出すくらいならば、ど真ん中に投げてヒットを打たれた方がまだましだ——。

これが野球人の定番の理論である。実際にこの言説は、野球解説者などによって繰り返しなされている。私自身、テレビでの野球観戦で繰り返しこの言説を聞いた。少年野球や草野球でもこの言説はまことしやかに信じられており、野球経験者の方ならば「そうそう」と同意されるだろう。

では、この言説は本当に野球の真理をとらえているのだろうか？

加藤先生と山崎先生は、２００５年度の公式試合からすべての「ノーアウトからファーボールで出塁を許した場面」と、「ノーアウトから普通のヒットで1塁への出塁を許した場面」とを抜き出し、統計の手法で比較検討した。

その結果、ノーアウトからのファーボールが、その回に失点につながった確率は40・5％

だった。一方、ノーアウトから先頭バッターがヒットで出塁し、その後失点につながった確率は39・0%だった。つまり、ファーボールだろうがヒットだろうが、失点確率は全く同じだった（統計的に有意味な差はなかった）。

さらに、ファーボールによる出塁は大量失点につながるという言説の真偽を確かめるために、彼らは2つの条件で失点の平均値を求めた。

その結果、ファーボールによる出塁は平均で0・832点の失点、ヒットによる出塁は平均で0・833点の失点につながっていた。つまり、ファーボールでもヒットでも一塁への出塁を許すと、その後の平均失点は全く同じになり、違いは一切なかったのである。これは「先頭バッターへのファーボールは流れを失う」という言説を完全に否定するデータだといえるだろう。

加藤先生たちは、さらに面白い検討を加えている。

もし本当に先頭バッターへのファーボールで流れを失うならば、次の回の自軍の攻撃でも流れを失っているのだから、得点確率は下がるはずだ。そこで、次の回の自軍の攻撃による平均得点確率と平均得点を、ファーボールでの出塁とヒットでの出塁の2条件で算出してみた。

すると、ファーボール条件では25・4％の確率で得点に成功し、平均得点は0・545点となった。一方、ヒット条件では、27・2％の確率で得点に成功し、平均得点は0・540点となった。加藤先生らによれば、これらの値に統計的に有意味な差は全くなかったそうである。

彼らはさらに執念深く、その次の回の守備での失点確率と平均失点数も算出している。もちろん、そこにもなんら差はなかった。

まとめると、「先頭バッターへのファーボールは流れを失う」という野球人の信念は、完全なる誤信だったのである。

ちなみに、本書の別の部分では、0・5％の差でも有意味で重要な差であるといったり、逆に2％の差でも有意味な差ではないといったりしている。このことについて、不思議に思ったり、一貫性がないと感じられる読者もいるだろう。

この理解のためには統計学を学んでもらう必要があるが、簡単にいえば、データの数が多ければ、小さい差にも大きな意味があり、データの数が少なければ、大きな差がないと意味のあるものにはならないという関係性がある。つまり、データ（サンプル）の数次第で1％の価値がコロコロ変わるということだ。その上で、本書では、きちんと統計学に則って、その差が意味のあるものか、ないものかを明記するという態度を一貫して取っている。

話を戻そう。

加藤先生らの名著の中では、このような「野球における神話」の数々が、これでもかと否定されまくっている。具体的には、チャンスの後にピンチあり、ピンチの後にチャンスあり、守備の時間が長いと相手に流れが移る、ピッチャーにヒットを打たれると流れを失う、ホームランは流れを変えるなどなど。こういった信念はすべて誤信であり、データからは完全に否定されることを彼らは報告している。もっと詳しく知りたい方は、ぜひとも彼らの書籍に直接あたってみてほしい。

人間は思い込みの中でしか生きていけない

本章では、スポーツに蔓延する誤信の数々を次々と否定していった。おそらく、信じられないという気持ちの人もいるだろう。下手をすると、腹を立てている人もいるかもしれない。妹尾の言説は詭弁であるとか、妹尾は都合のよい嘘をいっているに違いないと思う人までいるかもしれない。

そう、その苦々しい気持ちこそが、確証バイアスの正体である。そういった気持ちこそが、人間が本能的に持っている確証バイアスの見事な現れなのである。

人間は、客観的、科学的には生きることができない。思い込みの中でしか生きていけないのだ。心理学の訓練を積んだ心理学者であっても、思い込みから自由になることはないし、私も例外ではない。

だから、皆さんには、「思い込みをなくそう」とするのではなく、思い込みの世界に自分が生きているのだという自覚を持ってほしいと私は考えている。人間は思い込みを自覚的に減らしたり、なくしたりすることはできない。人間の確証バイアスという本能は、そうすることができないほど頑健で恐ろしいものなのだ。思い込みをなくすという、不可能なことに取り組むのは時間の無駄だ。

では、どうすればよいのか？

答えは簡単である。「自分は99％思い込みの世界で生きている」という〝自覚〟を持つことが最善の対策になる。そして、その自覚があるかないかは、人間としての魅力にもつながるはずだ（鈴木敏昭著『人生の99％は思い込み――支配された人生から脱却するための心理学』という本が２０１５年に刊行されており、合わせてお読みいただくと面白いかと思うので、紹介しておく）。

「波に乗る」を信じて疑わず、思い込みであることを否定しようとやっきになる人物と、「そういうこともあるのかしら」と少しでも立ち止まって相手の話に耳を傾ける余裕がある人物、あなたはどちらにより多くの魅力を感じるだろうか？　私なら圧倒的に後者である。

世間でいう、柔軟な人物、話を聞ける人物とは、自分の思い込みに対して、それが思い込みかもしれないという自覚を少しでも持っている人物のことである。皆さんには、ぜひともそういう柔軟さを持っていただきたいし、本書がそのための訓練になれば幸いである。

柔軟さ、持ちうる視点の多さ、引き出しの多さ、これらの数は、人間は思い込みの中でしか生きられないという自覚を持てば、飛躍的に増えるはずである。思い込んでいる自分を鼻で笑える余裕が持てたとき、あなたは間違いなくもっと魅力的な人物になれているはずだ。

解説の面白さと正確さは同時には成り立たない

最後に、一つだけ配慮を加えて終わろう。

サッカーや野球の解説者の方も、本当はすべて承知の上で、あえて一般大衆が喜ぶようなことをいっている側面があることを指摘したい。

例えば、松木さんは「ループパス」という専門用語を知っているのに、あえて「ふわっとしたパス」というわかりやすい表現を選択して解説している。

かつて「料理の鉄人」という人気番組で、料理学校の先生である服部幸應さんは、鉄人たちが作る料理について解説を加えていた。彼は、アナウンサーから「この後どうなるんですか？」と訊かれた際に、往々にして「どうなるのでしょうね？　わかりませんね？」という発言を繰り返していた。そのため、同業者から失笑され、「服部はそんなこともわからないのか？」とよくいわれたそうである。

しかし、実は彼は、鉄人たちがどんな料理を作っていて、この後どういった展開になるのか、大概はわかっていたそうだ。わかっていたが、あえてわからないというテイをとったのである。それは、解説者として番組を盛り上げるためである。先走って全部説明したら、あの番組の面白さは半減してしまう。つまり、専門家として「わからない！」を繰り返すことは、演技・演出だったのである。

サッカーや野球の解説者にも、こういう構造がかならずあるはずだ。解説としての面白さと正確さは同時には成り立たない。科学本も、科学としての正しさと読み物としての面白さは、完全には同居し得ない。だから、解説者の思い込みを否定するだけではフェアでないため、こういった注意書きを足した次第である。ご理解いただきたい。

8章　人の記憶はアテにならない

人間は、自分に都合よく記憶を改変する

記憶とはどのようなものか？

残念ながら、我々の脳はコンピュータとは決定的に違う。コンピュータは、記録したものを寸分違わずに、何年もの間保存し続けることができる。もちろん、コンピュータが破損さえしなければ、ではあるが。

一方で、人間は「あの書類ファイル、ハードディスクの中のどこにしまったっけ？　はてさて？」となってしまう。酷い場合には、ファイルの名前まで失念してしまい、パソコン内を検索することすらできない。あげくの果てに、記憶の中から関連する言葉をいくつか探し出し、そのワードでコンピュータ内部を検索してなんとか見つけ出したというような経験が、

皆さんにもあるのではないだろうか。この小話からも、コンピュータと人間の記憶の方法が全く異なることがわかるだろう。

人間は、記憶を自分に都合よく改変する。自分の人生に都合のよい情報を取捨選択し、都合の悪いことは積極的に忘却してしまう。

「この映画一緒に観たよね⁉　え？　覚えてないの⁇」なんて言葉をカノジョに発した後に、一緒に観たのが元カノだったことを思い出して、サーッと血の気が引いたような経験はないだろうか。人間はそれくらい恐ろしい記憶違いを起こしてしまう。それが人間の記憶の特徴でもある。

ここで、記憶違いの事例を、紙面上の簡易な実験で確かめてみよう。

次の単語をできるだけたくさん覚えてほしい。なるべく本気でやっていただいた方が、効果が強く、面白いと思う。

カール・ルイス　幅跳び
マラソン　１００ｍ
金メダル　新記録　銅メダル

水泳　バタフライ　地面
ウサイン・ボルト　鳥人ブブカ
10種競技　水　室伏広治
高橋尚子　北島康介
イアン・ソープ　自由形
棒高跳び　２００ｍ

では、次の3つの単語の中で、リストに含まれていないものはどれか、わかるだろうか？

自由形
陸上
オリンピック

少し考えてみてほしい。この後の話がより楽しめるので、ぜひ自分自身でこの実験に参加してもらいたい。

正解は、「陸上」と「オリンピック」である。

しかし多くの人は、これらの単語が含まれていたと感じたのではないだろうか？

その原因は、我々の記憶の仕組みにある。

我々は、多くの事柄を覚えるとき、より効率的な覚え方をする。先の単語リストは、陸上競技やオリンピックに関する事柄ばかりだった。そのため、覚える際に、それらをひとまとめにした上位の概念である「陸上」「オリンピック」という箱に入れてしまうのである。そうすることで、一つずつは再生できなくても、全体として的を射た記憶が可能になる。木は覚えられないが、森として覚えることができる。それが人間の記憶の特性なのである。

人間にも、コンピュータの記憶能力と同じような特性を持つ人がいる。サヴァン症候群という、脳に障害のある患者さんの一部には、驚くべき記憶力が見られる。例えば、何年も前に見た風景を寸分違わず絵に起こすことができるサヴァンの人がいる。しかしそういった記憶が、効率が悪いことは簡単に想像できるだろう。上位の概念でまとめあげ、細部は忘れ、本質だけを記憶している方が、人間の生存には有益だったのだろうと推察される。そのため、我々の祖先は詳細な記憶能力を捨て去り、代わりに概念で覚えるということを始めたようなのだ。

人間は身を覆う毛皮を捨てたことで、逆に火を使うことを覚えた。同じように、詳細な記憶力を捨てることで、概念を操る能力を得た。これは、人間の進化における喪失と獲得の好例である。詳細な記憶力がないからこそ、少しでも記録に残そうとして、言語が生まれた。精緻な記憶力を失うことで、抽象的な概念を操ることがはじめて可能になったのである。

人間は、自分に都合よく物事を解釈する

そういったわけで、人間は自分に起こった事柄を自分が覚えやすい形で覚えるという習性を持つようになってしまった。

上司にこっぴどく怒られたことは、その瞬間はショックだが、何年か経つと詳細は忘れてしまう。詳細は失うが「あの上司むかつく」という感情、つまり自分の生存にとって最も重要な部分だけが残る。初恋の思い出は、とても強く、そして詳細に残っているように感じる。しかし、その記憶も美化されている。だから、同窓会で会う初恋の人は、思ったほどにはイケてない。

私も、大学1年のときに憧れていたKさんがどんな顔だったか、よく覚えていない。特徴的な美しい長い髪のことだけは鮮明に覚えているのだが、顔についてはあまり覚えていないのだ。覚えていない分「なんとなく美人だったはず」という補正が入っているように思う。Kさんとはその後一度も会えていないが、会わぬが花かなと感じている。心理学を学んだ弊害かもしれない。

人間は、自分に都合よく物事を解釈する。

「あの子が会釈してくれた」「あの子と授業中に目が合った」などを好意の現れと思い、「あの子は僕のことが好きに違いない」という痛すぎる勘違いをしたのは、私だけではないはずだ。

お互いに、自分に都合がいいことしか覚えていないから、記憶違いでのけんかはたちが悪い。言った言わないの論争ほど不毛なものはない。私も「そんなこと言っていない」と自分の部下を叱責したあとで、数ヶ月前のメールを読み返して「そんなことをはっきり言っていた（書いていた）」ことを知って驚愕したことが何度もある。人間は驚くほど自分に甘く、記憶は驚くほどゆがむのである（もちろん、その部下には深く謝罪した）。

記憶違いでもめない、損をしないための優れた方法は、大事なことはメールでやりとりするということである。電話は最も危険なツールだ。大事なことを対面の会話のみ、電話のみで済ませるのは絶対にやめるべきだろう。メールなら、破棄さえしなければお互いに証拠が残る。これは現代の優れたツールである。もちろん、昨今はLINE、Facebook、Twitterなどにも言葉の記録が残るから、それらを活用してもよいだろう。

ただし、人間は本当にいい加減なものだから、証拠のメールを突き付けても、相手をいっそう怒らせるはめに陥る可能性があることも追記しておこう。私も経験したことがある。自分自身で抱く「そんなこと言ってない」はあまりにも根深く強い信念であるため、証拠を突き付けられても、依然として折れない人がこの世には数多くいるのである。驚きではあるが、人間のいい加減さ、怖さが如実に現れたケースだと思う。

誤記憶

記憶のいい加減さについて、驚きの事例を交えながらもう少し説明しよう。

ドナルド・トンプソンという名のオーストラリアの心理学者が、ある夜テレビ番組に出演し、目撃証言のあやふやさについて簡単な講義を行った。

その翌日、なんと彼は強姦の容疑で逮捕されてしまう。被害者の女性は「間違いなく犯人は彼だった」と主張した。しかし犯行時刻、トンプソンはテレビ局におり、鉄壁のアリバイがあった。トンプソンはその時間に生放送の番組に出演していたのだ。

一体何が起こったというのだろうか？

実はこの被害女性、被害に遭う直前にトンプソンが出演していた生番組を見ていたのである。その後犯罪に遭い、酷い錯乱状態に陥った。そのため、テレビ番組と自分に起こったことが入り乱れて記憶されてしまった。入り乱れた記憶の中で、犯人はトンプソンだという誤信が強く形成されてしまったのである。

このように、極限状態の人間の記憶は非常に不安定なものになる。テレビの中の事実と自分の身に直接起こった事実ですら、混同してしまうのだ。人間の記憶のあやふやさがここに見て取れる。

「これは極端な例であり、一般的な人間の記憶の特性には当てはまらないのではないか？」と批判される方もいるだろう。しかし、極端なケースであっても、そこには人間の記憶の特性が如実に現れている。そして極端なケースは、常に「平常時の記憶」と地続きなのである。だから我々は、これは極端な例であり、自分には決して起こらないと断じることはできない。

つまり、感情が揺さぶられたときの記憶は、非常に危ないものなのである。

ちなみに、このトンプソンの事例は、「サイエンス・ニュース」という学術誌に１９９０

年に「過ぎ去っても忘れえぬこと」というタイトルで掲載された論文から採用したものである。

こういった間違いの記憶のことを心理学の専門用語で「**誤記憶**」と呼ぶ。

誤記憶は、人間の歴史とともにあったと考えられる。何千年も前から、人間は誤記憶とともに生きてきたのである。

心理学で最も有名な誤記憶の例は、ピアジェのものだと思われる。

皆さんはピアジェをご存知だろうか？　大学の心理学課程の学生で、そこそこまじめに授業に出ていれば100パーセント知っている名前である。ピアジェは、古典的な心理学の大御所であり、発達心理学の父ともいえる人だ。子供には発達段階に応じた心の成長があるということを、世界ではじめて報告した人物で、黎明期《れいめいき》の心理学の父の一人である。

このピアジェに、驚くような誤記憶のエピソードがあるのだ。

ピアジェは、2歳の頃に誘拐されそうになったが、乳母がそれを阻止して助けてくれた、という記憶を持っていた。しかし、ピアジェが15歳のときに、乳母から一通の手紙が届く。その手紙によると、誘拐に関する記憶は完全なる捏造であり、乳母が勝手に創作した作り話を何度もピアジェに聞かせていただけだったのだ。つまり、ピアジェの2歳の誘拐は完全なる誤記憶だったのである。

しかしピアジェは、当時の状況をありありと思い出せるくらい、その誤記憶を強く確かに持っていた。誘拐の現場の感覚がはっきりと思い出せると感じていたという。小さい頃から、「正しい」と言われ続けて身につけてしまった誤記憶は、とても強固に真実として残ってしまうのである。人間の記憶の不思議さ、あやふやさがこのエピソードからもはっきりとわかるだろう。ピアジェにとってその誤記憶は、客観的に否定されても、主観的には終生「真実」として、リアリティのある記憶として残ったに違いない。

言葉の表現で記憶はゆがむ

ゆがむ記憶に関する最も有名な研究論文は、ロフタスとパルマーが1974年に、学術誌に報告したものだ。

ちなみにロフタスは、記憶研究の世界では、まさに美しい女王様的なポジションの研究者である。記憶の業界では、かなり多くの重要研究がロフタスによって行われてきた。20世紀で最も影響力のある心理学者ランキングの一人に選出されており、女性では最高位の人物でもある。

１９７４年のロフタスらの実験では、まず45名の被験者が車の事故場面の動画を見た。その後被験者は、その事故動画に関して質問紙に答えた。

質問の中には「車がぶつかった際に、その車は何キロの速度だったと思うか?」というものがあった。実はこの質問は「ぶつかった」の表現が5段階の違いで表現されていた。

「スマッシュした」「衝撃が起こった」「ぶつかった」「ヒットした」「接触した」(元の英語では順に smashed, collided, bumped, hit, contacted) の5パターンである。

英語なので直感的にわかりづらいが、「スマッシュした」から「接触した」になるにつれて、表現が弱くなっており、事故の程度が弱い印象をもたらす。

この質問の表現の違いによって、被験者は事故時の車のスピードをどう報告するか、ということを調べるのが実験の目的だった。つまり、動画を見た際の記憶が、その後のちょっとした言葉使いの違いの影響を受けて、変化するかどうかを調べたのである。

その結果、事故時の車のスピードの見積もりは、「スマッシュした」で40マイル、「衝撃が起こった」で39マイル、「ぶつかった」で38マイル、「ヒットした」で34マイル、「接触した」で32マイルになった(キロ換算では、それぞれ66キロ、63キロ、61キロ、55キロ、51キロ)。

つまり、表現の違いが記憶内容を如実に変化させたのである。同じ事故でもその後の表現によって、事故の酷さの記憶がゆがめられたのだ。

さらに、「フロントガラスが割れましたか？　割れたフロントガラスを見ましたか？」という質問を50名の被験者に対して行った。なお、動画では実際にはフロントガラスは割れていない。

この質問に対して、「車がスマッシュした際に」と聞かれた被験者では、16名の被験者が誤記憶で「割れていた」と答え、34名の被験者が正しく「割れていなかった」と答えた。一方で「車がヒットした際に」と聞かれた被験者では、誤記憶で「割れていた」と答えた人は7名、「割れていなかった」と正しく答えた被験者は43名だった。

なんと、事故の表現をヒットからスマッシュにするだけで、誤記憶を抱く被験者が倍以上になったのである。つまり、事故の印象を強める表現を用いると、事故の程度も強かったように感じられ、記憶がゆがめられたのだ。英語では、ヒットよりもスマッシュの方が強い衝撃を持つ表現であり、その表現に合致した記憶になるように記憶が修正されたわけだ。人間の記憶は、実験者の意図通りに、操作、コントロールすることが可能なのである。

これは恐ろしい事実である。**人間の記憶は、言葉の操作のような微妙かつ恣意的な操作で**

ぐいぐいとゆがむ。我々は記憶に頼ってはいけない、そういった強い示唆を持つ重要で面白い研究だと思う。

マインドコントロールは簡単？

次に、「誤記憶の形成」というタイトルで、先と同じく記憶研究者のロフタスによって1995年に報告された論文を見てみよう。

この実験では、24人の成人の参加者に、子供の頃の出来事を思い出す実験と称して、4つの出来事（エピソード）を提示した。4つのうち3つのエピソードは、事前にその被験者の親などから入念に聞き出した真実だった。実験者は被験者に、そのエピソードについてできるだけ多くのことを思い出すように求めた。ただし、どうしても思い出せない場合は、その旨を正直に告げることも求めた。つまり、決して嘘を言わないでほしい、嘘を言うメリットは何もないことを被験者には伝えていたのである。

この実験では、4つの出来事のうちの一つに「5歳のときに○○というショッピングセンターで長い間迷子になって泣いていたところを、老女に助けられて家族のところに帰ることができた」というものを提示した。ショッピングセンターの名前など詳細な情報は、事前に被験者の親など家族に尋ねて実際にあるものを使った。しかし迷子になったという、最も基盤になる出来事自体は、実際には起こっていなかった。このこと（実際には迷子になっていないこと）は、家族から入念に事前に確認を取っていた。

つまり、ショッピングセンターで迷子になったという事実は完全になかった。しかし、こういった聞き方をされた被験者のうち、実に25％ほどの人がその出来事、つまりショッピングセンターでの迷子の記憶を〝思い出す〟ことができた。実際にはなかったはずの迷子の経験を、被験者は実際にあったこととして報告したのである。

さらにロフタスらは「4つのうちの1つは嘘」と伝えて、迷子になったことが嘘だという可能性をほのめかした上で同じ実験を行った。それにもかかわらず、やはり25％程度の被験者は、迷子になった経験があったと報告した。つまり、迷子になったという出来事が嘘だと見抜けなかったのである。まるでなかった事実を、捏造の記憶として我々は持ってしまうことがあるのだ。

人間の記憶は簡単に捏造できる。これはとても恐ろしい事実である。しかし、まぎれもなく人間の特性を示した事実なのだ。記憶とはこれほど曖昧で不安定なものに過ぎないのである。

マインドコントロールは、こういった人間の記憶の曖昧性、恐ろしさを巧みに用いて、コントロールする側に都合のいい記憶を植え付けていく。例えば、親に虐待されていたという誤記憶を植え付けることだって可能だ。人間の記憶はしょせん、そんなものなのだ。非常に怖い記憶の側面である。皆さんには、どうかこの危険性を「記憶」しておいてもらいたい。

またもロフタスの実験をここで紹介しよう。

2005年に「ラーニング&メモリー」という学術誌に掲載された論文である。

この実験では、まず口絵3ページのような画像を被験者に見せた。

この画像では、バックスバニーがディズニーランドの宣伝に出ている。バックスバニーはワーナーブラザーズのキャラクターであり、ディズニーとは会社が異なる。そのため、バックスバニーがディズニーの宣伝をするということはあり得ない（新日本プロレスの看板選手が全日本プロレスのマットに上がることは決してなかった昭和のプロレスと同じである）。

実は、この広告はロフタスが自分で作った、完全なる捏造広告だった。しかし、驚くべきことに、被験者に「過去にどこかでこの広告を見たことがあるか？」と尋ねたところ、実に16％もの人が「過去にこの広告を見たことがある」と答えた。

人間は「もっともらしいこと」にとても弱い。絶対にあり得ないことでも、それが「もっともらしい」場合には、記憶の履歴をでっちあげて「見たことがある」と自信をもって答えてしまうのである。

犯罪の目撃証言はアテにならない

記憶には、さらに「**確信度**」という概念がある。つまり、その記憶がどれくらい「正しいと自信を持っているか」という尺度のことだ。

記憶実験では、往々にして記憶の正しさに対する自信、つまり確信度についても合わせて被験者に尋ねる。我々の直感では、確信度が高いほど信頼性がある、安定性がある記憶だと思うだろう。犯罪の目撃者が「彼が絶対に犯人だ!」と言うならば、「多分彼が犯人だ」と思う。それが人間らしい反応だ。しかし、心理実験ではこの確信度が全くアテにならないことも証明されている。

「サイコロジカル・ブレティン」という学術誌に、1995年に掲載された論文によれば、**「確信度が高い=記憶が正しい」ということは全く当てはまらない。**しかし我々は「確信度の高さ=記憶の正しさ」だと間違って判断してしまう。この誤解が、目撃証言への傾倒、ひいては冤罪を生み出す土壌になっていると考えられる。「絶対にそう思う！」という証言は、必ずしも「絶対に信じてよい」わけではない。多くの冤罪が、匿名の根拠のない確信的な目撃証言によって生まれている。

何度もいうが、人間の記憶とは極めて曖昧なものであり、コンピュータのような寸分違わぬ記録は人間には不可能だ。

他にも、**「凶器注目効果」**という現象が、ロフタスによって1987年に「法と人間行動」という学術誌に報告されている。

この論文では、犯人についての目撃証言を求める実験を行っている。

粗暴犯は凶器（拳銃、刃物など）を持っているが、被害者や目撃者は凶器に目と注意が行ってしまい、それらはかなり正確に覚えているものの、人物的な特徴（顔や背格好）は正確に覚えることができない。ナイフや包丁の危険性に目と注意が捕捉されてしまうために、犯罪者がどんな顔をしていたか、身長が何センチ程度だったのか、ということを正しく覚えることができなくなるのだ。

大学時代の憧れのKさんについて、最も特徴的な長い髪のことはよく覚えているのに、肝心の顔についてはあまり鮮明な記憶がないという先に紹介した私のエピソードも、これに関連している。つまり、特段に注意を引く特徴があると、その他の詳細な情報が記憶から欠落してしまう。これが人間の記憶の特性なのだ。

この凶器注目効果について、もう一つとんでもない実験があるので紹介しよう。現在の大学ではとてもできない、倫理面で問題がある凄い実験を、スターンとリットが１９０１年に行っている。

彼らは授業中に２人一組で議論を行わせた。議論をしている一人が本当の被験者で、もう一人はサクラだった。議論では、サクラが意図的に繰り返し対立意見を述べ、どんどんけんかの様相を呈していく。最終的には、サクラの怒りが頂点に達し（もちろん演技だが）、サクラがもう一人の被験者に銃（リボルバー）を突き付ける。ここで授業は中断され、ネタばらしが行われる。

その後、被験者に、銃が出てくるまでにたどっていた議論の内容を思い出してもらい、口頭で報告してもらった。すると、銃によって極端に強い恐怖感情が起こったために、少し前の議論に関する記憶は全く正しく残っておらず、非常にあやふやな再生しかできなかったのである。

現在の大学でこんな実験を計画したら、大学の実験倫理審査委員会に必ず中止を宣言されるだろう。この実験が原因でPTSDを負わせてしまうかもしれないからだ。かといって倫理委員会を通さずにこっそりやった場合、それがばれたら懲罰解雇相当の危ない実験である。1901年とは牧歌的な時代だったのだなあと、面白く感じた。

これらの実験例から、目撃者に証言を求めること自体が酷な作業であることがわかる。というのも、凶器が用いられる際には、そちらに多くの注意が割かれてしまうからである。人間の注意資源には限界があり、特定のターゲットに注意が多く割かれると、他に注意を向けられない。凶器は、自分の生存を左右する極めて大きなターゲットである。そのため、それ以外の対象について注意を割けないのだ。その結果、犯人の顔の特徴を十分に覚えることができなくなる。

つまり、**犯罪被害者に犯罪者の特徴を聞くという作業は、そもそも成り立たない、とても難しい作業だといえる。**こういうことがあるため、先のオーストラリアの心理学者、トンプソンの誤認逮捕のような事態、冤罪が生まれてしまうのだ。

変化盲

さらに面白い例が、「**変化盲**」である。この事例はテレビで何度も報告されていて、読者にとってはさほど目新しくないかもしれない。しかし改めて述べるが、我々人間は変化に対する感度が高くないのだ。

例えば、道端で見知らぬ人に道を尋ねられる。その後、その人物と自分の間に大きな看板などを運搬する人が入り込み、2人の間が遮断される。その間に、道を尋ねてきた人が別人とすり替わる。しかし、道を訊かれた人は、人物がすり替わったことに気がつかない。

この事例は、動画がいくつもYoutubeにあがっているので、ぜひとも見てほしい。記憶がこれほどまでに曖昧なのかということを、自分自身で実感してもらうことも大切だと感じている。それを示すことは、心理学の大きな意義の一つでもある。

一つのサンプルを次に示す。

https://www.youtube.com/watch?list=PLC0A3CAC7B3A0E288&t=41&v=FWSxSQsspiQ

※アドレスを入力するのは大変なので、変化盲、Change Blindness、で検索してみてほしい。

我々は、道を訊く人物が入れ替わったくらいの変化には気がつけない。人間は変化に弱いのである。これが変化盲と呼ばれる現象である。つまり、**我々は自分が思っているほど、「見ているもの」をきちんと「見ていない」「見ることができていない」のである。**

変化盲は、とてもインパクトが強いので、さまざまなテレビコンテンツで活用されている。例えば、子供に大人気の「妖怪ウォッチ」でも番組の最後に、画面のどこが変化しているかを当てるというコーナーがあった。「アッコにおまかせ！」でも変化を当てるクイズコーナーがあったし、茂木健一郎先生が何度もテレビ上で、このデモンストレーションを行っていたのも記憶に新しいだろう。

言葉にすると、正しい記憶が失われる？

他にも、記憶がゆがむ要素は多々ある。

例えば、記憶を言語に置き換えると、正しい記憶から遠ざかる、という直感に反する事例も報告されている。ジョナサンらが1990年に「コグニティブ・サイコロジー」（直訳すると、認知心理学）誌上で報告した論文が面白い。

実験では、ある人物の動画を見せる。その動画を見せた後に、半分の被験者はその動画の中の人物の顔について言語で説明し、もう半分は言語での説明をしなかった。

言語での説明とは、具体的には「狐目をしており、あごが細く、ほお骨があがっている」といったことである。その後、何人かの人物を見せて、動画で見た人物を当てるテストを行った。すると、言語で説明を行った被験者群では、言語説明を行わなかった被験者群よりも、正答率が大きく低下してしまったのである。

つまり、過去に見た人物を言語で説明すると、記憶の定着が下がり、間違った記憶を持ってしまうのだ。これは、言語で説明することで、もともとの映像的な記憶がゆがむために生じると考えられている。映像を言語に変換する過程で記憶がゆがみ、正しい記憶から離れていってしまうのだ。

これは驚くべき事実である。**目撃者の証言は、証言を取れば取るほど正しい記憶からゆがむ可能性があるのだ。**

「三人寄れば文殊の知恵」のウソ

さらに我々の記憶は、三人寄れば文殊の知恵とは真逆の効果を持っている。**三人寄ればダ**

メダメの記憶、なのである。

ギャバートらが2003年に「アプライド・コグニティブ・サイコロジー」（直訳すれば、応用認知心理学）という学術誌に載せた論文を紹介しよう。

この論文では、60人の被験者が、単独ないし2人一組のペアで、犯罪に関する30秒の動画を見せられた。その後、被験者に動画に関する30の質問をした。単独で動画を見た条件では、被験者は自分の記憶を頼りに質問に答え、ペアの条件では、被験者は2人で話し合って答えを決めた。

その結果、単独条件では、ほとんどすべての項目について正しく判断できたにもかかわらず、ペアで話し合う条件では、間違った答えが3割も増えてしまった。つまり、記憶について、他者と話し合うことは、文殊の知恵とは真逆の効果をもたらすのである。記憶場面での他者との相談は、誤記憶の元になってしまうのだ。

これについてまだはっきりとした原因は断定されてはいないが、話し合う相手がいると不確かなことまで議題に出してしまい、それを対面で否定することが難しく、徐々に誤記憶が助長・形成されていくのではないかと考えられている。

冤罪事件の75%は、目撃証言が原因

もう一つ「目撃証言の証拠」というタイトルで、2006年に「サイコロジカル・サイエンス」という一流学術誌に、ウェルズらによって掲載された論文を紹介しよう。

この論文は、DNA解析によって後に冤罪であることが100パーセント確定した事件を精査した。その結果、冤罪事件の約75%で、間違った目撃証言、虚偽の目撃証言が冤罪の大きな原因になっていることがわかった。

人間の曖昧な記憶に基づいた証拠、目撃証言は非常に危ないのだ。それこそ**目撃証言が冤罪を生む**といってしまっても構わないだろう。

人間の認知、人間の記憶とはとても曖昧なものだ。それに基づいた、現行の警察捜査の仕組みには自ずと限界がある。もちろん、目撃証言が警察にとって有力な捜査手段であること、目撃証言のおかげで実際に多くの事件が解決されてきたことについて異論はない。しかし、同じ目撃証言が不幸な冤罪を生んでいるということもまぎれもない事実なのである。不幸な冤罪を避けるためには、目撃証言に依拠しすぎた捜査はやはり避けるべきではないだろうか。

このように、捜査場面、法廷場面で心理学が果たす役割は非常に大きい。昨今では法廷心理学という分野が確立され、人間の心理・認知を法廷の場面で正しく反映させようという試

みが進んでいる。

私の大学生時代の同級生である綿村英一郎先生、その共同研究者の分部利紘先生は法廷心理学の大切さを日本に広めているパイオニアだ。彼らの活躍には特筆すべきものがあり、今後日本社会は、彼らの成果に注目していくべきだと思う。彼らの活躍は、同じ心理学者として心から有り難く、かつ素晴らしいものだ。日本において、間違った直感、間違った記憶で冤罪を生まないためにも、彼らの活躍が望まれる。皆さんにもぜひとも彼らの名前を記憶しておいてほしい。

誤記憶で好き嫌いを操作する

ここまで読まれて、「誤記憶は悪いことばかりだ」と思われただろうか。

実は、この誤記憶を巧みにかつ積極的に使って、人間にポジティブな効果をもたらそうという試みがいくつかなされている。

最後に、その一つの例を紹介しよう。誤記憶研究の大家のロフタスとアメリカのバーンスタインらが行った実験で、２００５年に「ソーシャル・コグニション」（直訳すれば、社会的認知）という学術誌に掲載された論文だ。

実験では、大学生の被験者に誤記憶を生じさせた。

被験者に、食べ物の好き嫌いを評定させたり、食べ物についてのアンケートをとった後、別の課題（実験に無関係のダミー課題）を与え、アンケートにどう答えたかを忘れさせた。次に、被験者に「子供の頃に卵を食べて気持ち悪くなったことがあるから、卵は好きではないと、君は答えた」という嘘のフィードバックを与えた。すると被験者のうちの数パーセントは、そういった回答をしたと誤記憶で思い込んでしまった。

その後、全く別の実験というかたちで、被験者に仮想のパーティーに参加しているという想像をしてもらった。そのパーティーには37項目の食品が用意されていて、被験者にその37項目をどれくらい食べたいか、評定してもらった。

その結果、卵を食べて気持ち悪くなったことがあるという誤記憶を抱かせた被験者では、卵を食べたいという反応が大きく阻害された。

卵以外の食品を用いた場合にも、同様の結果が得られることが同時に確認されている。つまり、**誤記憶によって、食品の嗜好性を実験者が意図した方向にゆがめることに成功したの**である。これは驚くべき方法だ。我々が知らないところで自分の好みが操作されうるのだから。この方法をもっとポジティブに使うならば、ピーマンが食べられない大人に「子供の頃はピーマンをばくばく食べていた」という誤記憶を持たせることで、ピーマンを食べられる方向に嗜好を変えられるかもしれない。

記憶とは、非常にアテにならないものである――。この結論を、読者の皆さんは理解してくださったと思う。記憶は、パソコンの中のデータとはまるで違う。そのことに留意して日々の生活を送ると、トラブルも最小限で済むのではないだろうか。

※本章の論理的な構造と、本章で紹介した優れた論文については、福岡女学院大学の分部利紘先生の教示によるところが大きい。分部先生は記憶の専門家であり、同じ福岡にいる私にとって、様々な刺激を与えてくださる素晴らしい先生である。

9章　人は無意識に支配されている

自分の人生は、自分が決めている。皆さんはきっとそう思っているだろう。気分がよいのも悪いのも、自分の意思でコントロールできる。これらの信念は、人間として普通に生きていく中で、あたりまえに持つものだろう。かくいう私も、これらの信念は普通に持っている。しかし、人間の行動や気分は自分が思っている以上に、無意識に支配されている。そういった例をいくつか紹介してみよう。

Facebookでの実験

皆さんはFacebookを活用されているだろうか。

時代はソーシャルメディア全盛である。ネット上で友達や知人と幅広くつながり、自分の活動を報告している人はとても多い。自分から記事を投稿しない人でも、友達の動向を知るために、FacebookやTwitterを毎日見ている人はとても多いだろう。そういった人たちは、自分ではFacebookを操作しているつもりだろうが、実際はFacebookに操られているのかもしれない。そんな研究がある。

Facebookによって、我々の日々の気分が無意識に操作されているという論文を紹介しよう。

「PNAS」という非常に格式の高い学術雑誌に、2014年に掲載された、クラマーらによる論文である。彼らは、驚くべき大規模な実験を行った。それは、Facebookを英語で活用している68万9003人もの大人数を対象にしたものだった。

およそ70万人の被験者は、自分の知らないところで、ランダムに3つの条件に配分された。特に何も操作されていない群、他者のポジティブな投稿がその人のFacebookのメインページにあまり登場しないように操作された群、他者のネガティブな投稿があまり登場しないように操作された群、の3つの群である。

実験はFacebook社と協力して行い、Facebookの元締めが、被験者の友達の投稿の中にポジティブないしネガティブな言葉が含まれていた場合、それらの投稿を選択し、各群に送ってはいけないものは、送らなかったのだ。つまり、ネガティブな投稿が自分のページに掲載されにくくなる群、ポジティブな投稿が掲載されにくくなる群、そして、普段通りの群の3つの条件が形成されたのである。

これは、非常に驚くべき実験である。このFacebook上の「操作」は、被験者に対して、事前に何の説明もなく行われたものだ。したがって被験者は、自分のFacebook上の投稿が操作されていたことに、全く気がついていなかった。そもそも、彼らは実験に参加していることすら知らなかったのである。

実際に、この実験は倫理面で問題があるのではないかということで大きな社会問題になった。日本でもヤフートピックスなどでニュースになったので、知っている人もいるだろう。幸い、被験者は英語でFacebookを行っている人に限られたので、日本人の多くは対象外だったようであり、日本ではこの実験の倫理問題はさほど大きな議論にならなかった。

いずれにせよ、随分と凄いことをやったものだと、同じ心理学者として驚くしかない。そして同時に、自分もこんな凄い調査ができたら面白いだろうなあとも思う。

世論の操作が可能になる？

さて、著者らは、ポジティブないしネガティブな他人の投稿が操作された被験者が、特定の1週間にどれくらい、自分自身でポジティブないしネガティブな投稿を行うのかについて調べた。実験期間は2012年1月11日から18日までの1週間。この期間の被験者たちのすべての投稿、実に300万通が解析の対象になった。

なお、ある特定の投稿が、ポジティブなものか、ネガティブなものかについては、機械的に判断したそうである。つまり、事前に指定されたポジティブな言葉が投稿に頻発すれば、機械が自動的にポジティブな投稿と判断した。例えば、「幸せ」「楽しい」「嬉しい」という言葉が入っていれば、ポジティブな投稿だと機械的に判定され、「悲しい」「辛い」「死にたい」などの言葉が入っていれば、ネガティブな投稿だと機械的に判定された。

もちろん、投稿の中には例外もあったと想像される。例えば、「死にたいほど、嬉しい」というような表現はポジティブなものだが、その判定がどう扱われたかは我々にはわからない。ただ、そういう例外はありつつも、ほとんどの投稿はきちんと判定できたものと思われる。

結果を示そう。

まず、何も操作されていなかった被験者がポジティブな投稿をした割合は、全投稿数のうちの5・25％程度だった。一方、他者のポジティブな投稿を選択的に削除された被験者がポジティブな投稿をした割合は、5・15％程度にとどまった。

その差はわずか0・1％だが、70万人近い人を調べた大規模調査における0・1％は非常に大きな値だ。

一方、ネガティブな投稿を選択的に削除された人が、ポジティブな投稿をした割合は5・3％程度だった。つまり、Facebook上でネガティブな情報が減ると、その人はポジティブな投稿をしがちだということになる。

同様のことが、被験者が行ったネガティブな投稿の数にも見られた。ポジティブな投稿を選択的に減らされた被験者は、よりネガティブな投稿をしがちになり、ネガティブな投稿を減らされた被験者は、よりポジティブな投稿をしがちになったのである。

どちらの方向であっても、わずか0・1％程度の変動でしかない。しかしながら、70万人の気分を一斉に操作することができるのだから、0・1％を決して侮ってはいけない。もちろん、統計的には有意味な差であることが確認されている。

この結果を受けて、もし国家が明確な意図を持ってFacebookを操作したらと思うと非常に恐ろしい。**世論を操作し、国民を操作することが部分的には可能**なのである。

選挙におけるＳＮＳの活用は始まったばかりだが、今後ＳＮＳ上で**政治関連情報の操作が行われてもおかしくない**。我々国民は、意識して警戒せねばならないだろう。

人間は、無意識のうちに自分の感情、気分までをも他者によって操作されている。自分の意思で元気でいようとか、明るくいようと思ってもなかなか難しい一方で、Facebook の他人の投稿で気分が変わってしまう。非常に怖い問題だと思う。

友達の多さと脳の関係

Facebook について、少し脇道に入ってみたい。

ソーシャルネットワークにおける友達の数の多さと、脳の特定の部位の大きさが関係するという論文を紹介しよう。加えて、科学者の評価と、Facebook の友達の数を比較するという非常に奇抜な論文も紹介したい。

日本が誇る脳科学者の金井良太先生が、「プロシーディングス・オブ・ロイヤル・ソサエティー」誌に掲載した論文では、Facebook の友達の数と脳の特定の部位の大きさの関係について調べている。論文のタイトルは、「オンラインのソーシャルネットワークの規模は、人間の脳の構造を反映する」という衝撃的なものだった。

Facebookには、友達の数が明記されている。このFacebookの友達の数と、脳の灰白質という組織の大きさの関係を金井らは調べた。その結果、Facebookで友達が多いほど、右上側頭溝、内嗅皮質などの灰白質がより大きいことを発見したのである。さらに、Facebookの友達の数は、海馬の大きさとも正の相関を見せた。つまり、それらの部位が大きいほど、Facebookでは友達の数が多くなるのである。

Facebookの友達の数は、実際に対面で付き合っている友達の数とも関係がある。実際に付き合っている友達が多い人は、やはりFacebookでも友達が多い。灰白質が大きくなった部位は、他人と社会的関係性を築く際に活動するといわれており、Facebookで友達が多い人は、社会的な認知・社会行動を司る脳内部位もやはり大きくなっているようなのだ。

ただし、これはどちらが原因でどちらが結果なのかはわからない。友達が多いから脳が大きくなるのか、脳が大きいから友達を沢山持てるようになるのか。その点は、どちらが正しいのか今のところ何もわかっておらず、今後の検討が必要なトピックである。

個人的には、その2つの方向の因果関係が同時に成り立っているのではないか、と思っている。つまり、脳が大きいから友達が効率的に増えていき、友達が増えることで、さらに脳が大きくなるというのが真相ではないかと思う。

脳が大きい動物ほど社会規模が大きくなるという有名な話がある。イルカやサルは脳が大きいので、群れの規模が大きくなる。一方、シカや猫のような脳が小さい動物はあまり群れを形成できない。つまり、社会的なやりとりと脳の大きさには密接な関係があるのだ。

従来、動物種の違いでこの話が成立してきたが、現在は、人間の個人個人でもこの関係が成り立つことがわかったということである。

これまでは、友達の数をはっきり定義するのが困難だったが、Facebookでは友達の数を明示的に定義できる。これが、21世紀の科学者にとっては素晴らしいメリットをもたらした。とても興味深い科学の進歩だと思う。技術の進歩は科学の進歩を支えるのである。

ここで、「え!?　私Facebookの友達少ないのだけど」と立腹されたり、不安に思われた人がいるかもしれない。だが、思い出してほしい。心理学は平均値の科学である。脳が大きくても友達が少ない人はいるし、脳が小さくても友達が多い人もいる。平均値の結論を個人に当てはめて、自ら世界を縮こまらせるようなことはすべきでない。このことを申し添えたい。

もう一つ、Facebookに関連して、我々科学者について調べた論文が面白いので紹介しよう。

我々科学者は、論文を書く。その論文は世界中に公表され、多くの人がそれを読む。そして、その論文で明らかにした事実が面白く、価値が高ければ、その論文を引用して、また他の科学者が新しい論文を書く。したがって、論文の引用数は、科学者が書いた論文を評価する上で非常に重要な数値、指標となる。引用が多い論文ほど、面白く価値があるという意味になるのだ。

私の論文では、引用数は多くても20程度に過ぎない。だが、科学の歴史において、とても重要な論文は500からそれ以上の引用がなされている。例えば、どんな人でも知っているDNAの二重螺旋《にじゅうらせん》構造を明らかにした、ワトソンとクリックの1953年の「ネイチャー」の論文の引用数は、なんと1万1143件もあるのだ！（2015年12月現在）

このように、論文の引用数は科学者の価値と質を表している。今までに書いた論文の総引用数は、その科学者の価値や格を表しているといってよい。

ホールという科学者が2014年に、「ゲノム・バイオロジー」という学術誌で報告した論文「カルダシアン・インデックス」では、科学者の論文の総引用数と、その科学者のFacebookでの友達の数を比較検討している。

ホールは有名な科学者の論文の総引用数を調べ上げ、同時にその人物のFacebookでの友達の数も記録した。イメージしやすいように例をあげるならば、茂木健一郎先生やでんじろう先生の論文の引用数をすべて調べ上げ、彼らのFacebookのページから、友達の数を明らかにしたといったところである。

その結果、総引用数が多い科学者は、Facebookでも友達が多いということをホールは明らかにした。この2つは正の相関を示したのである。評価の高い科学者は友達も多いのだ。

ホールの論文が面白いのは、Facebookの友達ばかり多くて総引用数の少ない科学者は「怪しい」という評価ができるかもしれない、という主張をしている点である。業績や実績よりも宣伝が先走る学者はやはり怪しいなと思う。私自身も襟を正したい気持ちである。

私も一時期Facebookにドハマりしていた。毎日欠かさずチェックして「いいね！」を皆に配っていた。そして、自分の投稿に対する「いいね！」が多い日は、やはり嬉しい気持ちになった。しかし、あまりにも毎日チェックしているうちに、なんだか空しくなってしまった。ＳＮＳは、あまりやりすぎないくらいが、気楽でよいかなと思っている。

女性名のハリケーンで被害が拡大する

本論に戻ろう。すなわち、我々の心はかなりの部分、無意識に操作されているという話である。

次に紹介する論文は、我々の生死までもが無意識の判断に左右されているという衝撃の事実を提示してくれる。

私たちは、無意識に心に刻まれたことが原因で死に至ることがあるとは、到底思えないだろう。自分の死が他者に操作されているとは信じられない。しかし実際に、そういうことがある。実は我々は、台風の名前次第で死んでしまうのだ。

２０１４年に「ＰＮＡＳ」という最高峰の学術誌に、ジョングらによって掲載された論文がとても面白い。タイトルは「女性名のハリケーンは、男性名のそれに比べて死を招く」という衝撃的なものである。

アメリカでは、ハリケーン（日本でいうところの台風）にそれぞれ名前をつける。有名なところでは、アトランタを襲った非常に大きな台風はカトリーナという女性の名前がついていた。その他にも、ジョンとか、ジョナサンとか、キャサリンといった名前がハリケーンにつけられてきた。そして驚くべきことに、この論文では、女性名のハリケーンのときには、死亡事故などの被害が、男性名のときに比べて多くなると述べられている。

著者らは1950年から2012年まで、過去60年のすべてのハリケーンにおける死者数および人的被害の数を精緻に洗い出した。その上で、男性名のハリケーンによる被害と、女性名のハリケーンによる被害を比較した。

その結果、女性名のハリケーンでより大きい、多くの人的被害、死亡事故が起きていることがわかった。さらに面白いことに、女性名でもより女性らしいものの方が、死者数が増える傾向があった。つまり、タケシよりもメグミのハリケーンの方が、死者が増える。さらに、メグミに比べて女性名であることがすぐにわかるような名前、例えばサチコやハナコのような名前のハリケーンでさらに死者数が増えるのだ。

著者らはここで、仮説を立てた。

女性は柔和でおとなしく、男性は粗暴で荒っぽいという先入観があるため、男性名のハリケーンのときは、より警戒し死亡事故につながるような行動、例えば川を見に行くといった行動を控えるため、死亡事故が減るのだろうと考えたのである。

2つの実験が明らかにした無意識の動き

この仮説の正しさを調べるために、著者らは実験を行った。

実験1では、2014年に実際に来たハリケーンのうち、5つの男性名、5つの女性名を346人の被験者に提示して、ハリケーンの強さを全くの勘で評定させた。「もの凄く強い」を7点、「全く強くない」を1点にして、7点満点で点をつけさせたのだ。

その結果、男性名のハリケーンの方が、女性名のハリケーンよりも勢力が強いという答えが得られた。

ハリケーンは完全にランダムに名前がつけられるので、女性名、男性名の違いはハリケーンの強弱には全く関係ない。それにもかかわらず、我々一般市民は、男性名のハリケーンをより強いハリケーンだと予期してしまう。これは、男性は女性より強く乱暴であり、女性は男性より弱く柔和であるという先入観と関係していると考えられる。女性名のハリケーンは、実際よりも弱く柔和な印象を持たせてしまう。女性名のハリケーンは実際の強さに比して侮られるため、人的被害や死傷者がより多くなるのである。

実験2では、108名の被験者に次のような実験を行った。

108名は3つの条件にランダムに割り振られた。ハリケーンに関する仮想のシナリオで、ハリケーンの名前に3つの条件があった。

一つの条件では、台風の名前が男性名のアレクサンダー（非常に強そうな名前である）であり、もう一つの条件では、ハリケーンの名前が女性名のアレクサンドラだった。もう一つ、統制条件として、ハリケーンに名前がなく、シンプルに「ハリケーンが」と記述したシナリオを用意した。

被験者は、ハリケーンに関するシナリオを読んで、これからこのハリケーンが上陸したときに、トータルでもたらす損害がどの程度かについて、1点（全く被害なし）から7点（甚大極まる被害をもたらす）の7点満点で評価を行った。

その結果、アレクサンダーのときは、平均点が4・76だったにもかかわらず、アレクサンドラのときは、4・06まで低下した。ちなみに、名前がないときは、4・04点だった。

わずか0・7点の差と侮ることなかれ。100名以上の被験者で取得した平均点に1点程度の差があるのは、数学的には（統計的には）、100回実験をして5回以下しか起こらないほどの確率であり、数字の実数以上に大きな差がある。

つまり、女性名のハリケーンは、弱いと錯覚されてしまうのだ。

面白いのは、アメリカ人も決して意識的に女性名のハリケーンを侮っているわけではない点である。無意識のうちに女性名のハリケーンを侮ってしまうことは、この論文が出てはじめて明らかになった事実であり、一般市民は自覚的に女性名のハリケーンを侮ってはいない。無意識のうちに、男性名のハリケーンのときの方が、警戒レベルが上がる。女性名のハリケーンをなめてしまうのは、無意識の心の働きなのである。

ということは、ハリケーンには、いつでも強めの男の名前を与えるのがよいということになる。ゴンザレスとかガルベスとかエルドレッドとかブーマーとかデストラーデとかホーナーとかオバンドーとかカニザレスとかキーオとかアニマルとか、日本球界に訪れた、助っ人外国人の名前を順繰りに与えることを提案したい。

完全に脇道にそれるが、恐妻家の旦那さんは、女性名のハリケーンもなめずに、しっかりと警戒するのかもしれない。ソクラテスは、その悪妻クサンチッペの名がついたハリケーンは、決してなめないだろう。

もちろん、個人差はある。しかし、人間全体として見たときに、女性名のハリケーンは、より危険であり多くの死者を出す。この人間全体で見た視点こそが心理学の研究の重要な点である。私にはあてはまらない、個人的には信じられないというご意見はごもっともだが、人間全体としてそういった傾向があることはどうかご理解いただきたい。

無意識を整える

人間は、意思の力ではなく、無意識の力にとても大きく左右される。自然界すべてが持っている無意識への作用に比べれば、人間の意思の力なんて、ちっぽけなものなのかもしれない。そうなると、この本の目指すべき道が見えてくる。我々は、**自分の意思で自分の人生をコントロールしようと考えるよりも、もっと大きな無意識を巧みにコントロールすればよい。**

例えば、ダイエットをしたいと思った人が、その意思を継続するためにはどうすればよいのだろうか？

意思の力を強くするのはとても厳しく難しい。だから、意思の力には頼らず、無意識の力に頼るべきである。そのためには、**無意識を変化させる、外界・環境を操作すればいい。**

例えば、ダイエットに失敗してしまうような外界の情報を断つ。具体的には、テレビのグルメ番組は絶対につけないようにする。そういう番組は、我々の無意識に働きかけ「食べてしまえ！」と訴えかける。そういった無意識を形作る外界の刺激に触れないように心がける。そうすれば、意思が弱くても意思の力に頼ることなくダイエットが成功するかもしれない。

断食ダイエット合宿がブームだという。これはまさに意思ではなく環境、自分を取り巻く外界を操作する方法だといえる。つまり、食欲を引き起こすテレビや雑誌などから隔離され、食欲を喚起する情報をできるだけ遮断して、ダイエットに専念する方法だ。この合宿断食なら意思が弱い人でも成功できる。

こういった、意思に頼らない外界・環境を操作する方法こそが、人生を巧みに成功に導くだろう。心理学の知識を駆使して提言できる方法は、「**意思を強くする**」**ことではなく、**「**無意識をできるだけ自分で操作する**」という点に尽きる。

これが、心理学が導きだした王道メソッド「**無意識を整える**」である。

広告が無意識に与える影響——レッドブルの事例

本章では、人間の無意識の不思議と凄さについて紹介してきたが、「広告」も我々の無意識に強く働きかけてくる。

なぜコンビニで、Aのお茶ではなくBのお茶を手に取ってしまうのか？

そこには自分自身の自由意思で選択したという思い込みがある。しかし、**実際はブランドイメージ、広告戦略によって我々の心が無意識に操作されているだけなのかもしれない。**無意識と広告について、一つ論文を紹介しながら話をしていこう。

皆さんはレッドブルという飲料をご存知だろうか（口絵4ページ）。年配の方ははじめて聞く名前かもしれないが、10代、20代の若者はほとんど全員が知っているエネルギー飲料水である。一昔前でいえば、リゲイン、リポビタンDのような商品で、疲れたとき、徹夜しなければならないときなどに飲むと、元気が持続するという商品である。

そのレッドブルの広告の謳い文句は「レッドブル 翼を授ける」であり、飲むと翼が生えたように活き活きと仕事ができるというイメージだ。私も、疲れたときによく飲んでいる。飲んだことがないという方は、ぜひ一度試してみてほしい。カフェインと糖質が大量に入っており、確かに目が覚めるような感覚が得られる。容量に対して、割高なお値段になっているが、そこがまた「特別なエネルギーの源」感を巧みに演出していて面白い商品である。

２０１１年の「ジャーナル・オブ・コンシューマー・サイコロジー」（直訳すれば、消費者心理学雑誌）に掲載された、ボストン大学のブラゼルとギプスによる論文のタイトルは、何とそのままずばり「レッドブル〝翼を授ける〟良い方にあるいは悪い方に。ブランドイメージが消費者の行動にもたらす諸刃の剣効果」というものだった。

論文のタイトルとしてはぶっ飛んだもので、多くの研究者から注目を集めた。私もその中の一人である。この論文をわかりやすく紹介しながら、ブランドイメージが我々の行動を無意識のうちに変化させることがあるという事例を考えてみたい。

この論文では、被験者にXｂｏｘというMicrosoft社のゲーム機器でカーレースのゲームを行わせた。Forza Motorsport 2という実際に販売されているゲームを改変して実験したのである。このゲームでは車を選択できるが、被験者には、性能が常に一定の（速度やコーナリング特性が同一の）ミニ・クーパーを操縦してもらった。

このとき、性能は全く同一だが、クーパーの外見を5条件設定した（口絵4ページ）。その5つとは、レッドブルの塗装を施したもの、トロピカーナの塗装を施したもの、コカ・コーラの塗装を施したもの、ギネスビールの塗装を施したもの、そして、宣伝を含まず単色の緑で塗装されたものだった。

被験者はこの5条件の車を操縦し、その着順が記録された。被験者が操るクーパー以外の4台の車は、すべてコンピュータが勝手に操作し、その強さは毎回ランダムに決定された。つまり、敵が4台おり、その強さは平均すれば5条件で同一だった。車の外見が異なる以外、被験者は全く同一のゲームをプレーしたのである。被験者は、テレビゲームの経験がある平均年齢21歳の若者70名だった。

用いた4つのブランド（レッドブル、ギネス、コーラ、トロピカーナ）については、被験者に対して事前に質問紙調査を行い、それらの印象と親近度について得点をつけておいた。例えば「その商品はどれくらい攻撃的だと思いますか？『全く攻撃的でない』1点から、『非常に攻撃的である』7点の7点満点で評価してください」といった項目に被験者は回答した。

その結果、4つのブランドの親近度（どれくらいよく知っているか）については、条件間で差が見られなかった。そして、レッドブルは、他のブランドに比べて「エネルギーがある」「速い」「力強い」「攻撃的である」という項目で高い点が得られることがわかった。

ブラゼルとギプスが立てた仮説はこうだ。

被験者が、車の外装から（すなわち、ブランドイメージから）何か影響を受けることがあれば、ブランドごとに車の操縦の方針が変わり、ゲームの成績（つまりレースの着順）が変化するのではないか——。

さて、結果はどうなっただろうか。

図1と2のグラフをご覧いただきたい。70人の被験者のレース結果を着順ごとに1位から5位まで割り振ったときの分布を示している。

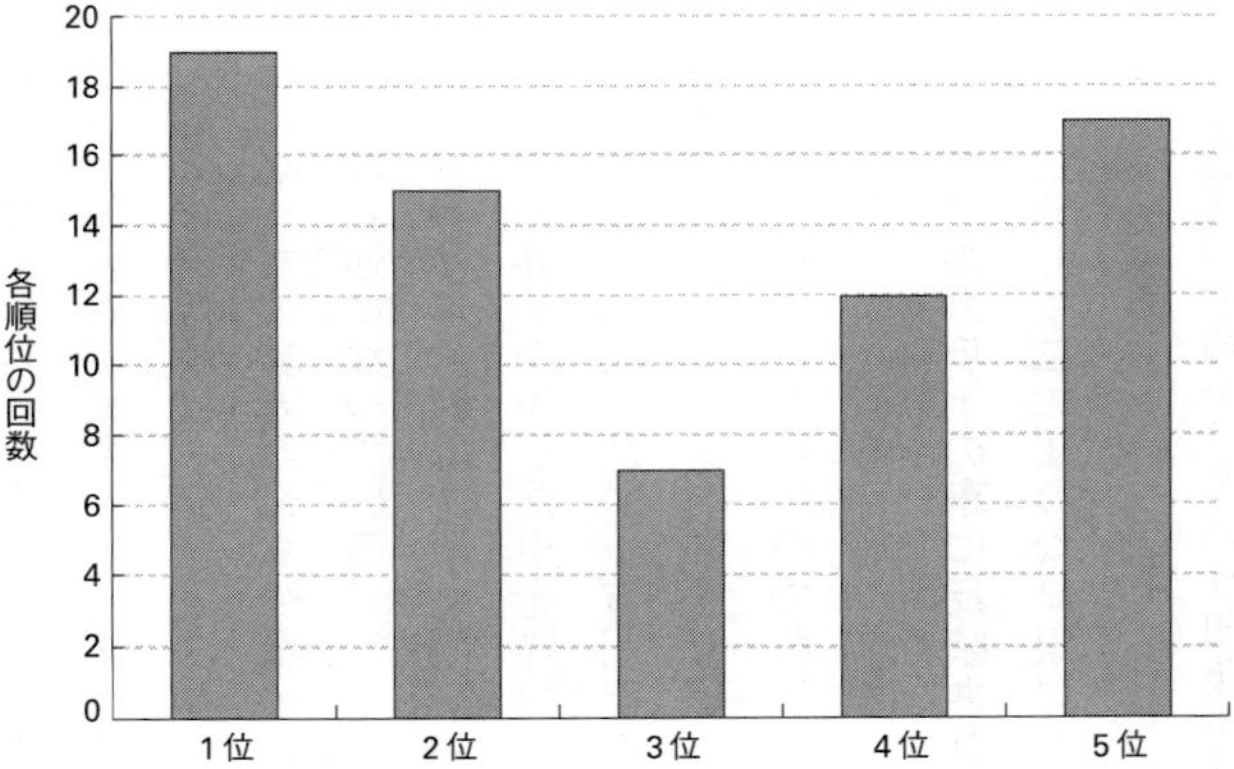

図1　レッドブル塗装の車の各順位（1～5位）合計

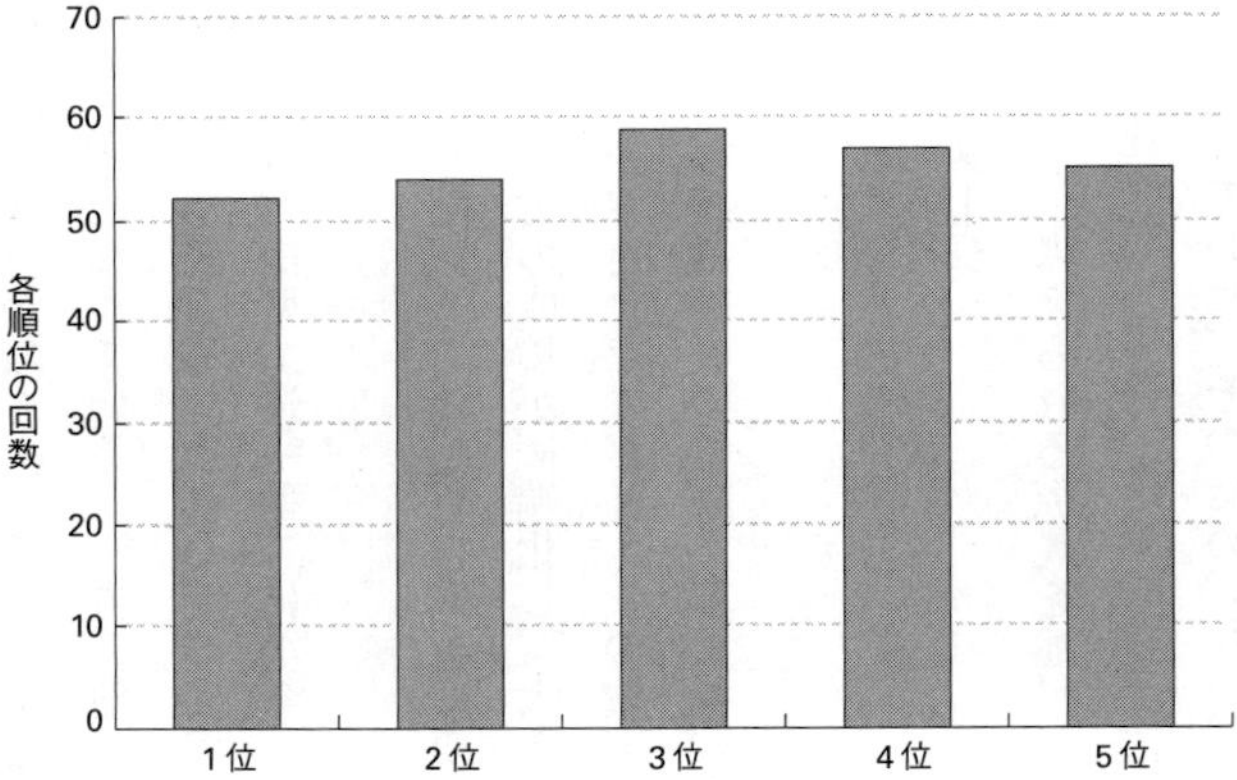

図2　レッドブル塗装以外の車の各順位（1～5位）合計

S. Adam Brasel, James Gips (2011) Red Bull "Gives You Wings" for better or worse: A double-edged impact of brand exposure on consumer performance. Journal of Consumer Psychology, 21, 57–64.

レッドブルの外装の車では、図1のように中間の3位が最も少なく、1位と最下位の5位になった被験者が最も多い。グラフの形状はU字型になっている。一方、他の4条件を合計した図2のグラフは、レッドブル条件とは真逆で、3位になった被験者が最も多く、1位と5位になった被験者が最も少ない。グラフの形状は、山型（逆字型）になり、レッドブルのそれとは真逆になっている。

ブランドイメージは、全く同一の性能の車で行ったレースの結果を大きく変化させた。レッドブルの外装を施した車を操作するときは、被験者の成績が極端化し、大きく勝つか、大きく負けるかになった。一方、その他3つのブランドとただのグリーンの塗装の車では成績は中庸化した。ブランドイメージは、それを見ている被験者の行動（車の操縦）を無意識のうちに大きく変化させたのである。

レッドブルカラーの車に反映されたブランドイメージ

一体どうしてこのような結果になったのだろうか。考えられる仮説を述べてみよう。

レッドブルというブランドは他のブランドに比べて、より「攻撃的」「速い」「力強い」「エネルギーがある」という印象を被験者に持たれていた。そのため、レッドブルカラーの車にもそのイメージが反映されたと考えられる。その結果、被験者は無意識のうちに「攻撃的」「速い」「力強い」「エネルギーがある」車の操縦を行った可能性がある。

つまり、レッドブル以外の条件では適度なスピードで的確なコーナリングを行っていた被験者が、レッドブル条件ではより速く、過酷なスピードでコーナーに突っ込んだと考えられるのだ。その結果、コーナリングがたまたま上手くいった被験者では着順が上がり、コーナリングに失敗した被験者では着順が下がった。より速く、攻撃的にコースを攻めた結果、成功すれば上位に上がり、失敗すれば下位に沈むという結果になり、着順の極端化が起こったのである。

マリオカートというゲームにたとえれば、レッドブル条件ではクッパを操縦しているときのような気持ちになったことが想像される。つまり、速くて荒いマシンだと思い込み、実際にそういう操縦をしてしまったのである。

このように、**ブランドイメージが無意識のうちに人間の行動を変化させてしまう**。とても面白いし、恐ろしい事実である。

シャネルを身にまとっている貴婦人は、周りに「あの人シャネルを着ている、セレブに違いない」と思わせるだけでなく、自分自身も知らず知らずにシャネルというブランドイメージに影響される。つまり「今私はシャネルを着ているから、そのセレブ感に合った行動をしよう」と、無意識にブランドイメージに合致した行動をとるようになるのである。クロムハーツを身につけている男性は「ごつごつした男性的な自分」を無意識のうちに自己演出し、ユニクロを着れば知らず知らずのうちに「カジュアルでフランクな自分」を自己演出してしまう可能性があるのだ。

これは、**自分をマインドコントロールし、自分の意思をサポートできる手段になりうるかもしれない。**

男らしくない自分にコンプレックスがあるならば、「男らしくしよう」と思うだけでなく、実際に男らしいブランド、例えば、先にあげたクロムハーツなどを身につければ無意識のうちに男らしくなれるだろう。同様に、セレブとして恥ずかしくない言動をするには、自分の意識をそこに向けるだけでなく、セレブなブランドで身を固めれば、自己暗示でセレブらしい行動がとれるようになるだろう。無意識のうちにブランドイメージに合致した行動を自らとってしまうのだ。

これは直感にも合っている。

平服で電車に乗っているときは、居眠りをしてだらしなく口をあけてしまうような人でも、アルマーニのスーツで全身を固めたときは、居眠りすることに無意識のうちに抵抗を感じるはずだ。

つまりは、そういうことなのである。無意識の心の働きを巧みに操る、無意識を意識的に活用すればよいのだ。**無意識の力を活用すれば、自分の意思だけではどうにもならないような場面も乗り越えられるかもしれない。**

皆さんも心理学を活用して、意思の力を超えて自分自身を巧みに操ってほしい。

太陽が眩しいと人を殺してしまうことはあるか?

きょう、ママンが死んだ。

（アルベール・カミュ『異邦人』の冒頭より）

ここまで無意識の恐ろしさを続けて例示すると、「人間は本当に意思を持って自分の行動を自分で決定しているのだろうか?」という疑問が、切実に迫ってくるだろう。人間は自分の意思で人生を切り開いているというより、我々を取り巻く環境と日々の積み重ねが、我々の行動を自動的に形作っているのではないだろうか。

文学の世界では、人間の意思や行動を我々自身がすべて把握していることなどない、というテーゼが繰り返し提示されている。このテーゼで、最大の名作は、アルベール・カミュの『異邦人』だろう。1942年に刊行されたこの小説は、非常に短く読みやすい。カミュはその後ノーベル文学賞を受賞しており、『異邦人』のインパクトは洋の東西を問わず非常に大きいものだった。

『異邦人』の主人公、ムルソーは、母が死んだという知らせを受け、葬式に参加するために、養老院のある地方に向かう。ムルソーは母の死に対して、普段通りの生活を送り、感情が大きく変化するそぶりもなかった。もちろん、悲しみに涙することもなかったし、母の死も冷静に受け止めていた。葬式の後に、現地の女性とセックスするなどして過ごすなかで、ちょっとしたいさかいから人を殺してしまう。ムルソーは、殺人の動機を「太陽が眩しかったから」とだけ述べる。

『異邦人』は、概ねそういった内容であり、人間の不条理さをテーマにした優れた名著である。

私も、大学2年生のときに、御茶ノ水の古本屋で100円で買って読んだ記憶がある。とても感銘を受け、一時的に無頼派を気取ってみたりもした。よい思い出である。

我々は、殺人という行為でさえも、自分の意思を明確に持たず、太陽が眩しいというだけの理由で犯してしまうような、あやふやな存在だといえるだろう。もちろん、これは小説だが、我々の心に訴えかけてくる切実さは本物であり、もはやフィクションではない。実際に世の中にあふれている殺人にも、明確な動機がないものが多々ある。『異邦人』の殺人は特殊な例だとしても、我々には自分の行動を自分の意思で制御していると感じられないときがあり、意思を超えた何かを感じたことがある人も多いはずだ。

ぐっと卑近な例をあげれば、深夜のカップラーメンをやめられないのは、もはや意思とは関係ないはずだ。どんなに「食べては駄目だ！」と念じても、抗えずに食べてしまう。他にも、好きな人が好きな理由も意思とは関係ない。嫌いになれといわれても、なれないだろう。

かの、相田みつをの詩にも「好きになってはいけない人を、好いて苦しむ、このわたし」というものがある。意思や理性だけで生きられたら、世の中はもっと生きやすいものになるだろうし、ベッキーも謝罪せずに済んだはずだ。そうならないからこそ、みつをが詠うのである。逆に、好きだった恋人への気持ちが離れていくのも、どんなに意思で抗っても止められないだろう。

人間はこの広大な不条理にもてあそばれる存在なのだ。カップラーメンは食べてしまうし、好きな人を嫌いになることも、好きでなくなった人を好きでい続けることも不可能なのだ。それこそが、人間を取り巻く不条理というやつなのだ。

ムルソーの殺人は、不条理どころか理に適っていた?

カミュの凄さを証明するような論文が2014年に刊行された。『異邦人』から72年後のことである。**人は眩しいと、つまり太陽の光が強いと、攻撃的になるという内容の論文である。**

イタリアのキエーティ・ペスカラ大学のマルツォリらが、国際学術誌の「コグニション・アンド・エモーション」、日本語に訳すと「認知と感情」に載せた論文を紹介しよう。

実験の手順が多く、少し混乱するかもしれないが、この定式化された手順こそが実験心理学の面白さであり、手順を理解すれば結果の面白さも倍増するので、少し頑張ってついてきてほしい。

実験には、18歳から40歳までの296名の被験者に参加してもらった。さらに、実験の目的を全く知らない第三者の女性を、実験者として雇った。

サングラスをかけて太陽に向かって歩いていた	サングラスをかけないで太陽に向かって歩いていた
サングラスをかけて太陽を背にして歩いていた	サングラスをかけないで太陽を背にして歩いていた

図3　被験者の４条件

実験者は、イタリアのアドリア海に面したビーチを、サングラスなしで、あるいはサングラスをかけて歩いていた人（被験者）を捕まえて、何分間、日差しの下を歩いていたかを口頭で教えてもらった。被験者は、概ねランダムに捕まえたが、このリクルート活動にはいくつかの工夫があった。

一つは、男女が同数になるように選ばれていたこと、もう一つは、大人のみになるように見た目で絞っていたことである。さらに、被験者が歩いている方向について、太陽に向かって歩いているケースと、太陽を背にして歩いているケースが同数になるように調節した。

その結果、被験者の条件は図３のような２×２の４条件になる。

被験者には、まず11点満点で、どれくらい日差しが目を煩《わずら》わせたかを答えてもらった。日差しが強く、とても目に激しければ11点に近い点数をつけ、日差しが気にならなければ1点に近い点数をつけてもらった。同時に、質問紙（アンケート）にも答えてもらった。その後、その人の個人的な情報（年齢や性別）を教えてもらい、実験終了となった。

実験は午前9時45分から11時15分までの1時間半か、夕刻4時半から7時までの2時間半の間に行った。

このような実験の時間や、アドリア海のビーチといった場所の情報などは、すべて細かく論文に記されている。それは、同じ実験を別の人が、別の場所で行うときに役立ててもらうためだ。

さて、アンケートは13個の項目に、それぞれ0点から4点満点の点数で答えるものだった。13個のうち7つは、怒りや攻撃に関する質問だった。被験者は、一般的な自分の性質ではなく「今の状態」について答えてほしいと念押しされていた。質問項目がどれくらい、今の自分に当てはまっているか、点数をつけてもらったのである。

質問項目は次のようなものだった。

1、今まさに誰かを殴りたい気分だ

2、自分の権利を守るためなら暴力を行使する
3、人を殴るに足る理由など存在しないと思っている
4、いつでも、喧嘩上等である
5、今怒っている

どれもかなり直接的に、怒りや暴力について被験者がどういった態度をとっているかを点数に変換するものだった。

被験者はいくつかに分類される。

サングラスの有無（2水準）、男女の別（2水準）、太陽に向かっていたか―太陽に背を向けていたか（2水準）である。

その結果（図4）、まず男性の方が、攻撃的かつ暴力的な質問に対して得点が高いことがわかった。これは、男性の方が女性よりも攻撃的な態度をとることが多いというこれまでの科学的かつ世間的な知見と合致し、特段新しい結果ではない。

次に、サングラスの有無の効果もはっきりと得られた。なんと、サングラスをしている群の方が、攻撃性の得点が低くなったのである。

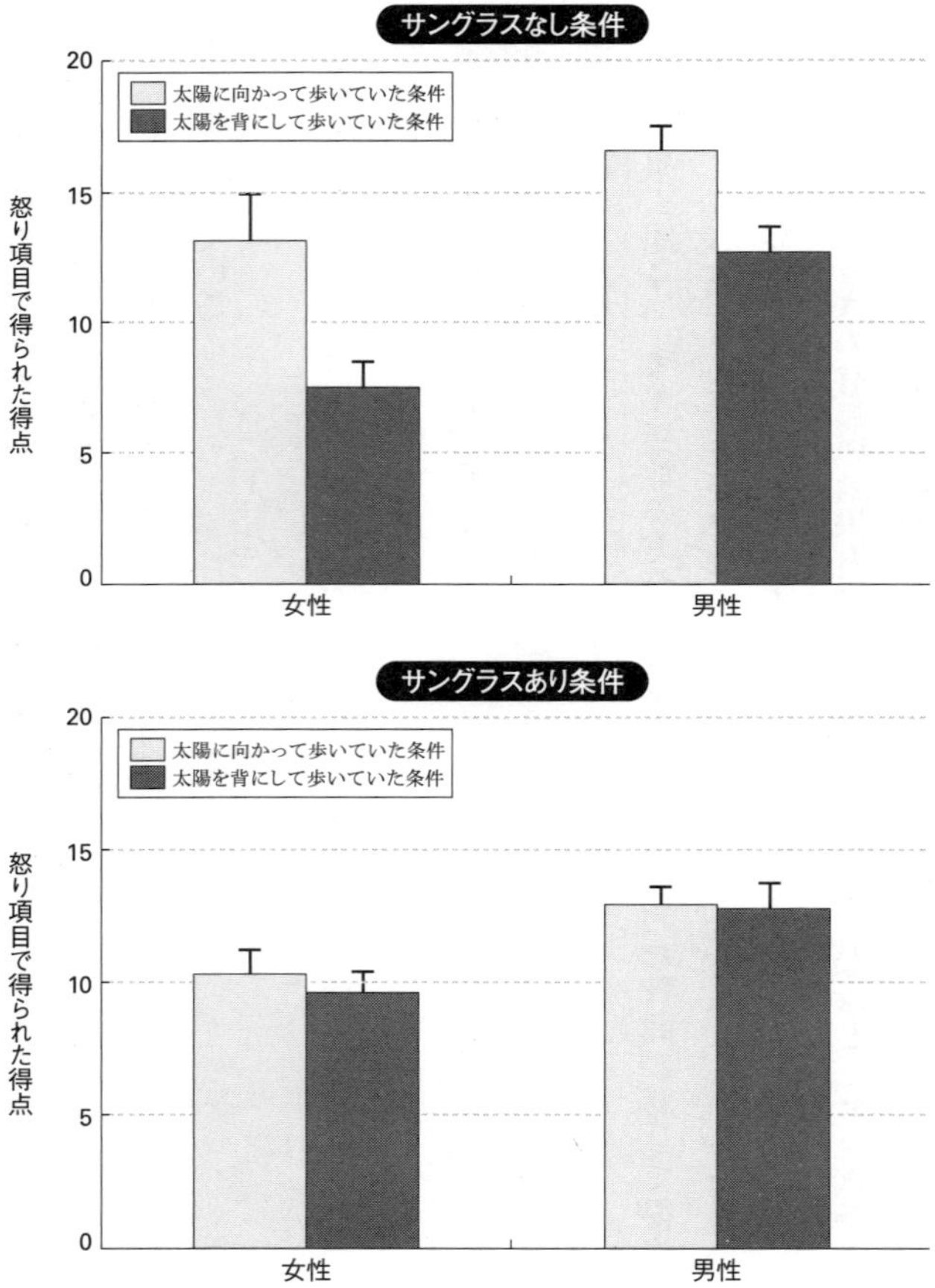

図4　サングラスをしていないときに、太陽に向かって歩いていた被験者の怒りの得点が高くなっている

Daniele Marzoli, Mariagrazia Custodero, Alessandra Pagliara & Luca Tommasi (2013) Sun-induced frowning fosters aggressive feelings. Cognition and Emotion, 27, 1513-1521.

さらに、太陽に向かうか、背を向けるかの効果もはっきりと現れた。すなわち、太陽に向かって歩いているときの方が、太陽に背を向けているときよりも、攻撃性や怒りの質問の得点がぐん！　と高くなった。太陽の煩わしさで高い点をつけた人ほど、攻撃性の得点が高い傾向にあったのである（2つの値が正の相関を示した）。

結果を一言でまとめれば、**太陽が眩しいほど、人は攻撃的になる**、というものである。

これは非常に驚くべきことだ。太陽に激しく照らされると、人は攻撃的になり、怒りっぽくなる可能性があるのだ。ムルソーが殺人を犯したのは「太陽が眩しかったから」というのは、不条理どころか理に適っていたのである。

ポイントは表情

では、なぜ太陽が眩しいと人は攻撃的になるのだろうか。

著者らは非常に素晴らしい仮説を立てている。

太陽が眩しいとき、我々はどんな顔をするだろうか。ちょっと想像してみてほしい。おそらく目を細め、眉をしかめ、頰をあげるような顔になるのではないだろうか。

実は、その表情は、人が怒っているときの表情と非常に似通っている。そのため、**眩しい**

表情を持続していると、脳が勘違いして「今、自分は怒っている」という判断を下してしまう。眩しいために作られた表情という「身体反応」は、本来は太陽の光という物理的な要因に求められるべきだが、日夜錯覚ばかり起こしている我々の脳は「今、僕は怒っているに違いない！」と間違った判断をしてしまうのである。そのため、眩しいときは怒りやすく、攻撃的になるのだ。

前著『脳がシビれる心理学』でも紹介した例を改めて取り上げよう。

一つ目の群の被験者にはペンをくわえさせ、口を左右に開いてもらう。別の群の被験者には眉間に小さな2つの丸いシールを貼って、そのシールがなるべくくっつくように眉をしかめてもらう。これらの状態で漫画を読んでもらうと、口にペンをくわえた群では、漫画がより面白いと判定され、眉のシールを近づける群では、漫画がより面白くないと判定されてしまう。

これはペンをくわえている群では、顔が擬似的に笑い顔になり、眉のシールを近づける群では、顔がしかめ面になることが原因だと考えられる。ペンをくわえて口を左右に開くと、顔が強制的に笑い顔になる。この強制的に作られた笑顔の原因を、脳は「漫画が面白いから」だと勘違いしてしまう。同じように、しかめ面をしているのは、漫画が面白くないからだと勘違いしてしまうのである。

強制的に作った表情であっても、さらに自分が意図して作った表情でなくても、我々は表情の影響を受けて今の気分や、漫画の面白さを変動させてしまう。太陽が眩しいために生じた表情は、怒りの表情と近似しているため、脳が「今怒っているに違いない！」と勘違いするのである。我々は、怒りさえも自分でうまくコントロールできず、太陽の眩しさに誘導される始末なのだ。

もし、**なるべく人前で怒らず、いつも気分よくいたいと思うなら、意思でコントロールしようとせずに、ペンをくわえて口を横に開いていればよい**。それが最も効果的な方法である。意思とは、結局のところ錯覚であり、そんな錯覚をコントロールしようとせず、もっと即時的・即物的に、ただただ強制的に笑顔を作れば、実際に気分がよくなってしまうのだ。こんなにも便利で簡単な話はないだろう。

人間は自分の攻撃性を自分でコントロールできない。太陽の光が強い、ただそれだけの理由で攻撃的になってしまう。しかも無自覚に、である。人間は環境の中に放り出され、そこから自分の行動や意思が形作られる。自分自身で自分の行動を制御しているわけではない。

自分を取り巻く環境、例えば、太陽のような身近で当たり前な環境こそが、我々の行動や気分を日々構成しているのである。

余談だが、このマルツォリらの論文が九州大学では手に入らなかったため、直接マルツォリ先生にメールして、論文を送ってもらったのだが、非常に熱量の多い人で、その後雑談が10通以上のメールにわたって行われた。とても熱い人が、とても熱い論文を書いたのだなと思った。自分が感銘を受けた論文の著者と接して、もう一つ感銘を受けることができるのは、科学者の醍醐味の一つだと思う。

そもそも、自由意思は存在しない？

本章ではここまで、自分の意思と無意識について話をしてきた。

では、そもそも意思とはなんだろう？

最後に、自由意思について心理学で提示された驚きの仮説を紹介しよう。


まず、皆さんと簡単な実験をやってみたい。

今、自分の右手を好きなタイミングで挙げてみてほしい。今すぐに挙げてもよいし、20秒後でもよい。とにかく好きなタイミングで挙げてほしい。もちろん、あなたにその意思がないなら挙げなくても構わない。

それでは、これから先、数分の間に自由に手を挙げてみてほしい。

スタート!!

はい。そこまで。

さて、今皆さんが手を挙げたのは、自分の意思に従ったものと考えてよいだろうか。

もちろん、私が、皆さんにそうするように頼んだのだが、挙げたくなければ、挙げなくてもよかった中で、あえて挙げた皆さんは、自分の意思で挙げたと考えてよいだろうか。おそらく、「それでよい」と思われることだろう。

皆さんは自分の意思で手を挙げたと思っている。だが、私たちは本当に意思を持っているのだろうか。

自分の行動を自分の意思で制御することを、科学用語では「我々には行動に対して自由意思がある」という。だがしかし、私たちは本当に、自分の行動を意思で制御しているのだろうか。

意思について、一つ矛盾がある。

今、皆さんが、右手を挙げる意思を持ったとする。そうなると、右手を挙げる意思を持つ前に、その意思を持とう、という意思を持ったことになる。さらに、その意思を持とうという意思を持とうという意思を、その前に持たねばならない。さらにその意思を持とうという意思を持とうという意思を持とうという意思を……という具合になってしまう。

つまり、意思を持つために意思を持つ必要があり、そうすると、意思を持つ主体は無限に後退していってしまうのである。つまり「意思を持つ」ということ自体が、大きな矛盾をはらんでいる。意思を持つ主体はいつまで経っても見つからないはずなのだ。

「それは詭弁ではないか。言葉遊びで読者を騙しているのではないか」と思うだろうか？

しかし、これは本当に詭弁だろうか。皆さんもよく考えてみてほしい。

最終的に、答えは皆さんが決めればよいことだが、今日はこの話にもう少し付き合ってもらおう。

リベットの凄い実験

自由意思に関して、心理学の世界で主役の座を張るのは、ベンジャミン・リベットという学者だ。１９１６年に生まれ、シカゴ大学の医学部に学び、後にカリフォルニア大学の生理学・神経学の教授になった人である。

私は、彼こそが心の世界におけるコペルニクス、ダーウィン、アインシュタインに相当する重要な人物だと思っている。

しかし、皆さんは、ベンジャミン・リベットという名前を果たして知っていただろうか。

それほど凄い人なのに、知名度はもの凄く低い。皆さんにはいち早く彼の名前を覚えてもらいたい。

このリベットがとても面白い実験をした。その実験について説明していこう。

リベットは、被験者に椅子に静かに座ってもらい、好きなタイミングで手首を曲げてもらうという課題を行わせた。被験者は、完全に自分が好きなタイミングで手首を曲げた。ただし、先ほど私たちがやったのと同じように、あまりにも長い時間手首を曲げない被験者がいると困るので、一回の実験は6秒以内とした。被験者は、6秒の間で好きなタイミングで手首を曲げた。もちろん、6秒以内に手首を曲げたくなかった場合には、曲げない自由もあった。

このとき、被験者の眼前には、時計のようなものが置いてあった。この時計はオシロスコープといい、画面に光の点滅が現れるテレビのような機具である。このオシロスコープの中で、時計の円周上を光点がぐるぐると回っている。普通の時計は60秒で一周するが、この特別な時計ではわずか2・56秒で光点が一周する。

被験者は、自分が「よし今から手首を曲げよう！」という意思を持った瞬間に、この時計を見るように指示されていた。そして、その意思を持った瞬間に光点が時計の円周上のどの位置にあったかを正確に把握し、覚えておくよう依頼されていた。

もちろん、難しくてすぐにはできない課題なので、被験者は、この課題が確実にこなせるようになるまで、繰り返し練習を行っていた。

一応断っておくが、心理実験で人間を被験者として用いる場合、ほとんどすべての被験者は必ずまじめに実験に取り組んでいる。嘘をついたり、適当に答えたり、いい加減にやったりすることはまずない。リベットの実験でも、被験者がまじめに課題に取り組んだことはおそらく間違いないと思われる。したがって、その点に疑いを挟む余地はほぼないということを理解してほしい。

リベットは、この課題を行っている被験者の頭皮に電極を付け、彼らの脳波を同時に計測していた。いわゆる、脳波計というものである。

頭頂部の脳部位では、体の運動に関連する脳波が計測できる。この脳部位は、手を動かす前後に実際に活動し、それが脳波となって現れる。さらに、運動を司る脳波は、実際に腕や足が動き始める少し前に出始めることが知られている。これを「準備電位」という。

リベットは、実際に手首を曲げたときに、この準備電位がどのくらい前に出ていたかを調べた。すると、手首が動き始める550ミリ秒（つまりおよそ0・5秒）も前から準備電位が出ていることがわかった。

脳が手首に指令を送ってから、実際に手が動くという順序は、直感通りである。したがって、脳波が実際の運動に先んじて生じていることはなんら驚きではない。

では、手首を動かす意思を持ったのは、いつだったのだろうか？

これを明らかにするために、先ほどの光点がぐるぐる回る時計が役立つのである。被験者は、意思を持った瞬間の光点の位置をしっかりと記憶し、手首曲げを行った後にリベットに口頭で報告した。その報告に基づいて、リベットは被験者が意思を持った瞬間を特定したのである。

意思を否定する驚きの結果

さて、ここまでの内容をまとめてみよう。

この実験で、時間が特定できる（つまり時間がわかる）のは3つの事象である。

準備電位が出始める瞬間、手首が実際に動いた瞬間、そして、手首を動かそうという意思を持った瞬間の3つである。

重要なのは、この3つの順序関係である。もし、我々の行為が我々の自由意思に基づいているならば、3つの順序は次のようになるべきだ。

図5　我々が素朴に思う正しい順序

図6　実際に計測された順序

すなわち、まず意思を持ち、準備電位が生じ、実際に手首が動くという順序である（図5）。これこそが、我々が素朴に思う正しい順序だろう。言葉を補うならば、意思が最初に形成され、その意思に基づいて脳が動き始め、その脳の動きによって手が動き始めるという順序である。

だがしかし、実際に計測された順序は、これとは違った。

実際には、**まず準備電位が生じ、次に意思が形成され、最後に手首が動くという順序だった**のである（図6）。

光点から導きだされた、被験者が意思を持った瞬間は、実際に手首が動き始めた瞬間よりも200ミリ秒ほど先んじていた。先述のように、準備電位は手首の動きよりも550ミリ秒先んじていた。550から200を引くと350だから、意思が形成されるよりも少なくとも300ミリ秒ほど先んじて準備電位が出始めたことになる。

つまり、まず脳が無意識に動きだし、その後、動かそうという意思が形成され、最後に実際に手首が動くというのが、物理的に正しい順序なのだ。**意思が形成されるよりも先に、脳は動いている**のである。

意思に基づいて脳が動くのではない。**脳が動き、意思は後づけで追いかけてくるのだ。**この発見は驚きであり、すぐには信じられないだろう。

リベット自身が何度も同じ実験を行い、間違いがないか入念に調べている。それでも、この順序は覆らなかった。リベット以外の多くの科学者も、同じ実験を繰り返し行った（科学用語で「追試を行った」という）。追試は見事に成功し、リベットの実験結果は揺るぎのないものとして、学会内に広まっていった。

さらに時が経ち、技術が改善されたことで、リベットが用いた装置よりもずっと細かな精度で計測が可能になり、より正確な追試が行われるようになった。そのような正確な装置で実験を繰り返しても、やはり準備電位は意思よりも先んじて生じていることがわかったのでである。

「何かの間違いではないか」

学会の学者たちは、繰り返し批判した。しかし、あらゆる批判を受けてもリベットの結果は覆らず、この驚きの事実は、ますます確固たるものとして固まっていった。

我々は、まず脳で意思を作り、それに基づいて行動を計画し、脳が体を動かす命令を送るという順序が正しいと思っていた。しかし、それは全くの間違いだったのだ。

我々の行動は、脳が外界の情報を集めて形成する。そこから遅れること０・３秒後に、動かそうという意思が形成される。つまり、この意思は完全に時間遅れで、無意味なものだ。意思が行動を決めているのではない。意思は行動の後づけ。言ってみれば、自分が行為の主体だと思わせるための錯覚、誤解にすぎないのである。

これで、意思の主体の無限後退の謎が解ける。意思は錯覚なのである。意思を持っていると思っている人間は、実際には行動の主体としての意思を持てない。自由意思なんてものは、全くないのだ。

すべては事前に決定されている？

皆さんはこのことについてどう思うだろうか。

自由意思がないなら、人生は無意味だと思うだろうか。それとも、自分の行動を決めているのは、自分の意思だと信じ続けるだろうか。個々人の思いは、それぞれで構わないし、リベットの実験が絶対だとも断言できない。

ここで私が皆さんに伝えたいのは、意思という存在そのものが、心理学界では非常に危ういものでしかないという事実だ。「意思」そのものがないかもしれないという事実である。だから私は、**「自分の意思に基づいて、行動を選択する」**とか**「意思を強くする」**とか**「意思が弱くて痩せられない」といった言説には、科学者として非常に懐疑的である。**

リベットの話に戻ろう。

リベットの発見は驚きのものであるにもかかわらず、なぜ世間一般では全く知られていないのだろうか。

その原因の一つとして、衝撃が強すぎる、直感に反しすぎているということが指摘できると思う。あまりにも突飛だから信じてくれる人が少なく、広まっていないのだろう。ただ、心理学者の間ではこの事実は重く受け止められ、正しいと考えられている。

意思を持った時点で、行動はすでに決定済みの状態になっている。意思の力では行動は変えられない。行動は意思にかかわらず、すでに決められている。意思は後づけの錯覚として、人間に与えられるものでしかない。意思は、全く実働的な役割を持っていない。自由意思とは、「自分の行動の主体は自分である」という錯覚でしかない。我々は自由意思という「まやかし」を信じさせられている。意思とは麻薬のようなもので、真実を巧みに隠してしまう危険な薬なのかもしれない。

人間には自由意思などなく、すべては事前に決定されているというこの驚きの仮説を、読者の皆さんはどう感じるだろうか。

落ち葉がはらはらと落ちる際、その落ち葉は自分で落ちようと思っているわけではない。我々はそのように考える。オジギソウに触れるとお辞儀するような動きをするのは、オジギソウがお辞儀をしたいと思っているからではない。このことも我々は知っている。

プラナリアが明るい方に進んでいくのは、意思のある行動なのか？

ネコが顔を洗うのは意思に基づいた行動だろうか？

友人が遊びに来てくれるのは、友人の自由な意思に基づいているのか？

あなたが本書を読んでいるのは、果たしてあなた自身の自由意思なのだろうか？

ただ環境の働きかけによって無意識に操られているだけで、触れればかならずお辞儀してしまうオジギソウのように、本があったから読んでいるだけではないだろうか？

雲は自由に形を変える。季節ごとに積乱雲や鰯雲という具合に、人の心のように様々な様相を見せる。しかし、それらは、海水温、気温、偏西風などの様々な物理的な要因によって、全世界的に自然に決まるものであり、雲自身が自分でその形を作りたいと思っているわけではない。様々な環境要因の相互作用の帰結で雲の形が決まるのである。

人間の心も様々な環境要因の帰結で、必然的に決まるようなものではないだろうか？

我々の泣き顔、笑顔も、鰯雲や積乱雲と全く同じで、複雑に絡み合った環境の相互作用によって、必然的に生じる「事前に決定していたこと」ではないのだろうか？

あなたが本書を今読んでいることも、事前に決まっていたのではないだろうか？

最新科学では、コンピュータシミュレーションで、年間の雲の様子を非常に正確に予測することが可能になっている。人間の心には、雲以上に複雑で多数の要素が関わっている。しかし、いつの日か人間の心も、その人間を取り巻く環境要因を網羅してコンピュータに入れ込めば、未来のすべての行動が予想されるようになりはしないだろうか。

私は、そのような日が来るかもしれないと本気で思っている。

子供の頃、「シムシティ」というゲームが好きだった。仮想の街を作り、その街の人口を増やしていくというゲームだ。シムシティにおける神は、それをプレーしている自分である。自分は、地球というシムシティの中の住人ではないのかな、と子供ながらに考えて、何度もとても不安になった。私は神に壮大な実験をされているだけではないか。そのような思いが、子供の頃から今に至るまで拭えない。

過去へのタイムスリップは不可能？

タイムマシンのパラドクスに「親殺しのパラドクス」というものがある。

タイムマシンで自分が生まれる前の時代に行き、自分の親を殺せば、自分はこの世に生まれてこない。そうなれば、過去に戻った自分の存在が消えてしまう。であれば、親を殺すことも成就しない――。こういうパラドクスである。

私も大好きな映画『バック・トゥ・ザ・フューチャー』は、過去に戻った主人公が20代の頃の自分の母親から恋されてしまい、自分の存在が消えかけるという、このパラドクスを主軸に据えたストーリーになっている。

なぜ、いきなりなんの関係もない話をしているのか、と思われただろうか？

実は自由意思がない、世界は事前にすべてが決まっているという決定論は、この親殺しのパラドクスを解決してくれるのである。つまり、過去は変えられない、過去へのタイムスリップはできない。すべては決定していることだから、過去を変えられるという前提がそもそも間違っているのだ。

未来へのタイムスリップは、それ自体が決定論で決められていたことと考えれば、決定論との矛盾は起こさない。それと同じで、決定論がこの世の絶対法則ならば、過去への時間旅行は絶対にできないという結論が論理的に正しくなるのである。

アインシュタインの相対性理論では、未来への時間旅行は論理的に可能であることが示されている。具体的には、光速に近い速さで移動できれば未来へ行ける。ないしは、もの凄い重力下で時間を過ごしても未来に行けることが科学的に証明されている。例えば、ブラックホールの近辺をグルグルと回ることができれば、はるかな未来へと行けるのだ。

一方で、相対性理論では過去へのタイムスリップは証明されていない。むしろ、現状の科学的な結論では、それは無理だとされている。これはもしかすると、世のすべてのことは事前に決められているとする決定論が正しいことを示唆しているのかもしれない。

さて、驚きの仮説を紹介してきたが、皆さんはどう思われただろうか？狐につままれたような感覚だろうか？

私もはじめてこの話を聞いたときは、ぼんやりとよくわからない感覚に襲われた。しかしその後、心理学の圧倒的な魅力をこの仮説からしみじみと感じた。心理学の魅力はまさにこういった部分にあるのだ。思い込みではなく、できる限り科学的にデータを検証することで、驚きの真実へと到達する。この心理学の素晴らしさについて、ここまで読んでくださった皆さんに少しでも伝わっていれば幸甚の極みである。

※本章の最後の項目（過去へのタイムスリップは不可能？）については、ただの読み物として楽しんでいただきたい。科学的根拠に乏しい仮説なので、半笑いで受け止めていただければ幸いである。

10章　心理学は科学なのか？

再現できなければ科学ではない

科学論文には、なんらかの普遍的事実が証明されている。完全に同じ手続きで、追試を行えば、かならず同じ結果が導ける。この追試の再現性があってはじめて、科学的で普遍的な事実だと認められる。

例えば、中学で学ぶ実験に、過酸化水素水と酸化マンガンを混ぜて、酸素を発生させるというものがある。化学式で書けば、$2H_2O_2 \rightarrow 2H_2O + O_2$ だ。

この実験と、この式に表されている科学的な事実は、世界中のどこで誰がいつ行っても同じように再現することができる。この再現性をもってして、科学的に真っ当な普遍的な事実だということができるのだ。

もちろん、ビーカーに他の実験で用いたなんらかの薬剤がこびりついていて、それが悪さをして結果が変わるということは確かにある。そのため、科学実験では、ビーカーの汚れなど、考えられる悪さをしうる要素（剰余変数）をできる限り排除する。理想的な状態で実験をすれば、誰しも追試に成功する。そういった事実を科学は求め続けている。

２０１４年の科学界の最大の話題は、ＳＴＡＰ細胞だった。ＳＴＡＰ細胞は、第三者が同じ手続きで実験をしたところ、一度も再現できなかった。さらに、報告者本人が「コツがいる」ということを主張したため、本人によって追試が行われたが、それでも再現はできなかった。そのことをもって、科学的にはＳＴＡＰ細胞は存在しないということが暫定的に認められ、その存在は捏造だったという結論が下された。

このように、再現できるかどうかは、科学が科学であるために必須の条件なのである。

39%しか追試に成功しなかった心理学の実験

２０１５年8月、凄い論文が最高峰の学術誌「サイエンス」に掲載された。心理学の最高峰の雑誌に掲載された１００の実験を第三者が追試した結果、再現に成功した、あるいは追試に成功した実験が、全体のわずか39%しかなかったという驚くべき報告がなされたのだ。

この論文の著者は、ジョン・ボハンノンという科学ジャーナリストである。

２００８年に３つの最高峰の心理学学術誌（「サイコロジカル・サイエンス」「ジャーナル・オブ・パーソナリティー・アンド・ソーシャル・サイコロジー」「ジャーナル・オブ・エクスペリメンタル・サイコロジー」）に掲載された、驚くべき心理実験とその結果を１００個選び、２７０人の世界中の心理学者をボランティアで募り、その１００の心理実験の追試実験を行った。

その結果、揺るぎなく同じ結果が得られた実験は、39％しかなかったのである。

具体的に、この論文で紹介されている「追試に失敗した実験」の一つを簡単に説明しよう。図１のように、絵と、その絵と同じカテゴリーに属するものの名前を同時に提示して、絵の物体の名前を答えてもらう課題を行った。

具体的には、大砲の絵に「ピストル」という文字を並記する、目の絵に「足首」という文字を並記する。すると、正しく「大砲」「目」と答えるまでにかかる時間が、文字を並記しないときに比べて有意に長くなったと、元々の実験者は報告したのだ。

しかし、ボハンノンらが依頼した第三者の心理学者がこの実験を追試したところ、同じ効果が得られなかった。

それでは、トップジャーナルに掲載された心理実験の6割は、捏造だったのだろうか？

多くの心理学者は、この報告に対して驚きはしたが、同時に「まあそんなものかもな」という思いも抱いたようである。この論文が出てから、SNSや対面で、この論文に関する意見を心理学者から広く聞いてみたが、彼らの感想を一言でまとめると「驚くが、同時にそんなもんだろうなとも思う」というものだった。

心理学者は、同業者の6割が捏造していると認めたのだろうか？

答えは否である。私も心理学者の6割が捏造したとは思っていない。2008年度の論文の著者たちは、むしろまじめに実験に取り組んだと信じている。そして、真面目に取り組ん

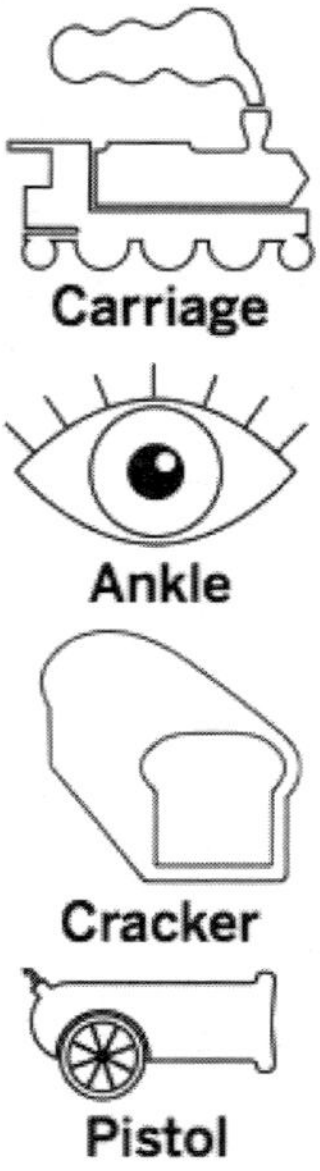

図1　追試に失敗した実験の例

John Bohannon (2015) Many psychology papers fail replication test. An effort to repeat 100 studies yields sobering results, but many researchers are positive about the process. Science, 349, 910-911.

でも、心理実験の再現性は4割を切るようなものなのだと思う。私の周りの心理学者も、私と同じ理由で、ある種の納得感を覚えていた。

「捏造ではなくても、再現できない」

ここに心理学の大きな限界、心理学が科学になりきれない性《さが》があると、我々心理学者は自覚している。

なぜ再現性が低いのか？——サンプリングバイアス

心理実験の再現性が低い理由、それはまず、人間を対象にした実験を行うという点があげられる。

人間にはもの凄い個人差がある。例えば、10キロ走ってもらい、その後の心拍数の変遷を2時間にわたって計測するというある種の心理実験を行うことを想定する。

私のように日々運動不足の人間と、高橋Qちゃんのようにマラソンで金メダルを取っている人と、森脇健児さんのように趣味でマラソンをしている人では、結果に大きな差が出てしまう。この差は、マウスなどの動物で実験を行う際に生じる個体差とは比べ物にならないほど大きい。

ハーバード大学の心理学者が、超優秀なハーバード大学の学生100人を集めて、認知能力を計測した結果と、日本人が誰も知らないような某国のさほど上位にランクされないような大学の一般的な学生100人の認知能力を計測した結果が同一にならないことは、簡単に予想できるだろう。

日本の女子大で、100人の女子学生に向井理と赤西仁のどちらが好きかを聞くというある種の心理実験を行い、向井理が70票、赤西仁が30票という結果になったとしよう。

この実験をアメリカのどこかしらの大学で行ったとして、同じ結果になるだろうか？　アフリカの大学ではどうだろうか？　何もアメリカやアフリカまで行かなくても、体育大学の女学生100人で行った場合でも同じ結果になるだろうか？

昔、「なるほど!・ザ・ワールド」という番組で、まさにこういった実験を行い、結果を当てるというクイズがあった。あれはつまり所変わればイケメン変わるという事実を巧みに利用した企画だったといえる。

何がいいたいかといえば、心理実験は、文化、性別、年齢、生い立ちなどなど、ありとあらゆる剰余変数の影響を受けてしまうということである。

実験者が実験をするときには、自分の周囲で被験者になってくれるごく一部の人間しか用いない。そのため、被験者が変わると結果も変わってしまうことが多いのだ。心理学の実験の再現性が十分高く保てない理由の一つは、このサンプリングバイアスと呼ばれる問題が大きく関係している。

このサンプリングバイアスを解決するためには、被験者の数を1000とか1万にする必要がある。もし1万人の平均値をとれれば、十分に人類、人間の性質を反映できたものだといえるだろう。しかし、実際にはそんな大規模な実験はほぼできない。できたとしても、ほんの一握りの大規模研究ができるトップ心理学者だけである。そのため、現状の心理学はこの点には目をつぶっているのだ。

この目をつぶっている点を、真正面から批判してきたのが今回の「サイエンス」の論文である。だからこそ、多くの心理学者は「わかっていたけど、改善も難しいから、鬼の首を取ったように批判されても困るな」という反応を示したのである。

もちろん、心理学が他の科学分野と全く同じ場所まで昇るためには、この問題は解決されねばならない。つまり、再現性の高さをもっと上げるために、十分な被験者が確保できている実験のみを論文に採択するということだ。しかし、本気でそうすると、日本だけでなく世界中でほとんどの心理学者は論文を発表できなくなり、心理学者の存在は無意味なものになってしまうだろう。

実験者のポジティブバイアス

もう一つの再現性が低い理由、心理学者が必ずしも捏造とは関係がないと思っている理由は、実験者のポジティブバイアスという心理学の不可避な問題と関連している。

心理学者が実験するとき、実験者（実験を実際に進める作業をする人のこと）はほとんどの場合、その実験の発案者か関係者である。そのため、実験者として被験者に接している人物は「なんらかの効果があるはず」と思って実験を行ってしまう。

例えば、何かの薬を飲んだ直後に数学のテストの成績が向上するという仮説を抱いて実験する場合、その実験者は「薬の効果があるはず」と思って被験者に接する。「薬の効果がないはず」というネガティブな思い込みで実験をすることはまずない。

そして、実験者がポジティブな思い込みを持って被験者に接すると、被験者は無意識のうちに実験者の意図を感じ取り、実験者が求めるような反応をしてしまうという事実が知られている。

例えば、被験者は無意識のうちにこう思う。「実験者は薬を飲むと数学ができるようになると思っているのだから、もう少し頑張って解かねば！」と。被験者は意識的であっても無意識的であっても、いずれにせよ、そういったバイアスの下で課題に取り組むようになってしまう。

このように、実験者のポジティブバイアスのために結果がゆがめられる。たちが悪いことに、このポジティブバイアスは実験者も被験者も無意識のうちに発動させてしまい、意識して取り去ることができない代物なのである。

ここで注意してもらいたいのは、はじめから全く効果がない、差がないものについては、ポジティブバイアスがあっても、効果が生まれたり、差が生じたりすることはあまりないということだ。ポジティブバイアスは、むしろ効果を強調する効果を持っているといえる。したがって、同程度の被験者を用いていれば、ポジティブバイアスがあるときの方が差や効果が出やすい。全く効果のないところから、ポジティブバイアスによって効果を無理矢理生むような事例は、捏造と変わらないと私も思う。

今回のサイエンスの論文で追試を実施した270人のボランティア心理学者は、おそらくポジティブバイアスを持って実験をしてはいないと思われる。そもそも実験の再現性を中心に扱うのだから、再現できるはずという思い込みを持たずに、ニュートラルな態度で追試実験をしたはずである。したがって、同程度の数の被験者を用いた場合、効果がぐっと出にくくなっていたことが想像できる。

我々心理学者のうちの何割かの先生は、この追試者のポジティブバイアスの欠如が、39％という驚くほど低い再現性につながったのだろうと考えている。だから、61％が捏造だったとは思えない部分があるのだ。

心理学は不可避的に、サンプリングバイアスとポジティブバイアスという不完全性をはらんでしまうのである。

そして、この補正できない不完全性があるからこそ、心理学はいつまで経っても真っ当な科学として科学界から認められず、うさん臭さを放ち続けている。我々心理学者自身、心理学が不可避的に持つこのうさん臭さのことを重々自覚している。

ポジティブバイアスを完全になくすためには、実験目的について何も知らない第三者を実験者として雇い、完全に実験の手続きを理解させ、その代理実験者や実験の発案者となんら利害関係のない人物を被験者として用いればよい。

しかし、これにも問題がある。実験手続きを理解させる段階で、実験発案者と代理実験者はコンタクトをとるので、その時点でなんらかのポジティブバイアスが代理実験者に伝わらないとはいいきれない。そうなると、もう一人第三者を用意して、実験手続きを伝言ゲームのように伝えればよいのかもしれない。いずれにしても無限に後退する様が見て取れる。

さらに、下世話な話になるが、実験者も被験者も第三者を用いるとなると、雇用費が必須になる。そうなると研究費が潤沢でない研究室では実験が全くできなくなってしまう。日本の大学の心理学者のうち6、7割は実験を諦めろといわれるのと同じことだ。

科学論文を鵜呑みにしない

こういった科学になりきれない心理学の問題点について、心理学者は意外と自覚的に対応してきた。それは、**科学論文を鵜呑みにしない態度をとる**という方略である。

私も院生時代、当時の指導教官から「データを信じるかどうかは、最後は自分で決めなさい」という指導を受けた。つまり、心理学は再現性が他の科学分野に比べて低い、低くならざるを得ないという不可避な構造的な欠陥を真正面から受け止めて、その上で、何を信じて何を信じないかは自分で決めろという指導を受けたのだ。心理学者には、そういう科学ならざる、明記しえない文化が脈々と受け継がれてきたのである。

もちろん「そういう心理学の時代はもう終わらせろ。心理学を科学に押し上げろ。被験者は最低でも数百人から数千人、実験者も第三者、被験者も第三者を原理原則とせよ。それで実験ができなくなる心理学者はすべて切り捨てて構わない。心理学が科学として認められるために、今こそ時代を変えろ！」という主張も聞こえてくる。

実際に、超一流大学や一流の研究所のトップ心理学者で、資金も潤沢な研究室（ラボ）の先生にはそういう意見の人も多いように感じている。もちろん、その意見は真理であり真っ当である。正しい姿勢はそちらであることは十分にわかるし、私自身もそれが望ましいことだと認めている。

しかし一方で、「この怪しさと一生付き合っていこう。それが心理学の良さだから」と主張する先生方もいる。心理学者も一枚岩ではないのだ。

もちろん、誰が追試しても再現できる心理学実験が最も素晴らしいことは、疑いようもない。しかし個人的には、ポジティブバイアスやサンプリングバイアス込みで再現できる実験という枠があってもよいのではないか、少なくとも、実験の発案者が捏造ではないと胸を張って自分に嘘をつかないというプライドを持って、結果は結果だといえるような実験があってもよいのではないか、と考えている。その方が心理学として面白く、心理学の発展につながるのではないか。

皆さんも、本書で多数紹介した科学論文の結果を「科学論文だから間違いない」という思い込みで理解するのはやめてほしい。論文だから信じようという先入観は捨てて「もしかすると再現できない実験なのかもしれない」というくらいの疑いのスタンスで、もう一度全体を読み返していただきたい。

本章では、心理学が不可避的に持つ、うさん臭さについての説明を行った。この説明で、心理学から離れていくか、逆にそこに魅力を見いだすかは皆さんの自由である。私たち心理学者の多くは、この心理学最大の欠点という魅力に取り憑かれた者たちなのである。

あとがき

心理学はプロレスに似ている。プロレスファンであることを表明する気恥ずかしさと後ろめたさは、心理学者であることを表明するときのそれと同形である。

飲み会など初対面の人たちの輪の中で、「心理学者です」と表明すると、周囲は2010年代にも入っているのに、あのエリマキトカゲにでも遭遇したかのように、珍妙なものを見つけたという半笑い、冷笑を浮かべる。

彼らは心の中でこう思っているようだ、

「心理学って、あのいかがわしい?」「心理学者って、うさん臭いあれ?」と。

この類いの冷笑を私は以前から他の場面でも経験していた。それは、

「プロレスが大好きだ」

と表明する場面である。

「あの八百長の？」「結果が決まっている、エセスポーツでしょう」

といった具合だ。

そういう場で「本当の心理学はしっかりした科学で、真っ当な学問なのだ！」と熱く語っても、それを最後まで聞いてくれる人はほとんどいない。皆さんのように、心理学の真の姿について最後まで興味をもって付き合ってくださる人は、非常にレアである。

それと同様に「プロレスは本当に一番凄いんだ！」と飲み会で熱く語っても、やはり最後は誰も聞いていないという事態に何度も遭遇してきた。


1990年代後半から2000年代初頭。400戦無敗のヒクソン・グレイシーという黒船が、総合格闘技というフロンティアを引き下げて、日本に一大旋風を巻き起こした。

「ヒクソンの総合格闘技は、結果が決まっていないのだ。ガチなのだ。プロレスなんて、それに比べればお遊びだ」

格闘技が好きな男だけでなく、それまで格闘技にあまり興味がなかった多くの女性までもが、こういった言説のもとプロレスから離れていき、総合格闘技こそが最高の格闘技であるという大きな時流が作られた。

時を同じくして、科学界では脳科学というフロンティアが日本に一大旋風を巻き起こしていた。これまで、心の科学の主役だったはずの心理学よりも、「ずっと客観的で科学的で、先進的な学問、それが脳科学である」。

そういった言説のもと、研究者だけでなく、一般の日本人までもがそう思うような時代が到来してしまった。

脳科学界のヒクソン、茂木健一郎氏や養老孟司氏がそういった思想のもとで国民を大いに先導してきたように思っている。

科学界、格闘技界で時を同じくして、新しいフロンティアが、「プロレスはダサい」「心理学はダサい」というレッテルを貼り、国民もまたそれに付き従ってしまったのである。

しかし、本当にプロレスはダサいのか？

プロレスは勝ち負けではなく、生き様を見せる場、生き様のスポーツなのだと、真壁刀義選手は力強く主張する。確かに、勝ち負けは決まっていることが多い。いや、むしろほとんど実際に勝ち負けは決まっている。しかし、プロレスの楽しみ方は結果を知ることではない。試合の過程を楽しむことだ。鍛え上げられた肉体で、真実の攻防を行う。彼らの攻撃とそれによる痛みには、一切の嘘がない。

水平チョップで打たれれば、胸は赤く腫れる。佐々木健介選手のノーザンライトボム（もともとは北斗晶選手の得意技）では、選手は頭部からマットに叩きつけられる。その痛みは、ガチであり、そこに嘘はない。

「ブレーンバスターは、受け手の協力がないと決まらない」

これは、プロレスを冷笑する際に用いられる言説の一つである。そうならば、実際にあなたがブレーンバスターを受けてみればよいだろう。その痛みは、八百長だといえるか。プロレスラーは、強靭な肉体で相手の技を受け続け、実際にフラフラになるのだ。

総合格闘技なら、シンプルに相手を戦闘不能状態にすればよいだけである。相手を壊せばよい。ただそれだけなのだ。プロレスは、自分も相手も技をきちんと受け、意識が飛んでも限界まで試合は続く。ときには勝者にも容赦なくブーイングが飛ぶ。勝つことよりも、よい試合を見せることが求められているからである。

スポーツ新聞の記事に、

アントニオ猪木　勝ち　　タイガー・ジェット・シン　負け

グランドコブラからの体固め　22分5秒

と出たとして、プロレスファンにとってはほとんど無意味で無価値な情報である。実際に会場で試合を観戦するか、少なくともテレビで試合をすべて見た上でしか、プロレスの試合の価値は評価できないのだ。

これに対して、総合格闘技は、

ヒクソン　勝ち　　高田　負け
スリーパーホールド　24分34秒

という情報に最も高い価値がある。どちらが強いのか、どちらが勝ったのか、そこに最大級の価値があるからだ。高田が善戦したとかしなかったとかいう過程は、結果の次に来る話題でしかない。

プロレスと総合格闘技は、ルールが200%違う、全く別のスポーツなのだ。どちらが優れているか、という議論は不毛であり、全く意味がない。「剣道と柔道ではどちらが優れているか」という議論にほとんど意味がないことと同じである。土俵が違うのだ。

しかし、2000年代初頭、ある種の棲み分けが精緻になされていなかったため、プロレスラーが総合格闘技のリングに上がり、連戦連敗をしてしまった。今考えれば、それは当然のことなのだ。柔道で日本一だからといって、全日本剣道選手権に出て勝てますか？　という話である。

現在は、総合格闘技ブームも終焉を迎え、2015年、プロレスブームがじわじわと来ているようだ。加えてプロレスの正しい見方が、このところテレビで繰り返し放送されている。「アメトーーク！」でのプロレス芸人の回などで、プロレスの楽しみ方が広く浸透してきたように感じている。

今では、総合格闘技よりもプロレスの方が大きな興行を打てる再逆転が起こった。業界の盟主、新日本プロレスは東京ドームなどの大興行を年に数回打てるようになったのだ。プロレス女子（プ女子と略されるそうだ）という言葉も生まれ、イケメン選手の真実の肉体のぶつかり合いに恋こがれる女性が急増しているそうだ。このブームがより大きいものになればよいなと日々願っている。

とっかかりがイケメンであっても、プロレスの魅力に取り憑かれる人が一人でも多く生まれるならば、30年プロレスファンをしてきた者としては幸甚の極みである。

プロレスは見事に再生した。命がけで闘う人間の生き様。そこには、絶対的な価値があった。時代のうねりに翻弄はされても、確かな価値があるものは、決して廃れない。いつか必ず復権するのだ。もちろん、そこに至るまでに、三沢光晴のリング上での死のような、ガチゆえの不幸な出来事も我々は繰り返し経験してきた。


私は、心理学はプロレスだと思う。絶対的な価値が心理学にはある。人生を豊かにする学問、遵守される科学としてのフォーマット、方法論の徹底——。

プロレスと同じで、心理学について時間をかけてその楽しみ方を学べば、心理学は必ずあなたの知と血になる。

心理学は、純粋な理系の学問である物理学、数学のような美しい数理法則では語ることができない。それに加えて、日本では文系科目として大学に存在している。そのため、科学としては主流になり得ないという歴史があった。しかし、本書をしっかりと読んでくださった方ならわかるはずだが、心理学は科学にたるためのさまざまな工夫、ルール作りをしてきたのだ。少しでも高い再現性を保つために、論文における方法の記述はときに滑稽なほど精緻になされている。その滑稽さがある種の心理学の面白さでもあるのだ。

かつて、立花隆さんは「プロレスは人間として劣った者が見る茶番」という趣旨の発言をされた。おそらく心理学も「科学として劣った者がやる茶番」と思っているのかもしれない。その思いは、決して立花隆さんだけのものではなく、多くの日本人の意見の一つだろう。心理学は日本人から決してリスペクトされた存在とはいえない。

そういったところからも、私はプロレスと心理学に強いリンクを感じてしまうのだ。「理解しよう」という情熱がなければ、プロレスも心理学も茶番にしか見えないかもしれない。しかし、そういった態度の表明は、自身の浅薄な情熱を公言しているだけだろう。心の面白さ、不思議さに真摯《しんし》に向き合うことは、心理学を本当に知ろうとする態度と同義である。本当の心理学に、どうか触れてほしいのだ。

昨今の心理学者は、二言目には「脳もやってます！」と、自ら言い訳めいたことを言いがちである。かくいう私も「脳についても調べています」と言う場面が実際にある。これは、「脳も知っている、脳も研究対象である」という方が、科学界において信頼が高まることと関係している。さらに、一般の人にとっても、その方が「クールな印象」になるという利点がある。

しかしそれは、総合格闘技に挑戦してマットに沈み続けたプロレスラー永田裕志の哀れな姿ではないだろうか？　永田選手は、この無為な総合格闘技への挑戦のせいで、プロレス界の天下を取り損なってしまった。

心理学者は、なぜ心理学だけにもっと誇りを持てないのだろうか。私自身、心理学にもっと誇りを持って「心理学者です！」と、ただそれだけを相手に伝えねばと自戒している。「脳をやっている」のも事実だが、それは常に足す必要のある事実ではないはずだ。私たち心理学者が心理学に自信を持たねば、大学で心理学を専攻している学生だって胸を張ることはできない。ましてや一般の人が「心理学って面白そう」と思ってはくれないのだ。

総合格闘技隆盛のさなか、故ジャイアント馬場選手はこう言った。

「みんなが格闘技に走るので、私、プロレスを独占させていただきます」

２０１６年、私、妹尾武治は言いたい。

「みんなが脳科学に走るので、私、心理学を独占させていただきます」と。

プロレスにはプロレスの良さがある。心理学にも、心理学だからこその魅力がある。心理学特有の面白さ——直接、行動を見ることの大胆で柔軟な魅力が本書から少しでも伝われば、著者の目的は達せられたといえる。

大巨人アンドレ・ザ・ジャイアントは、2メートル30センチの巨体をより強調するため、髪型にアフロを選択した。大仁田厚は、弱小団体が生き残るために「有刺鉄線電流爆破デスマッチ」という新機軸に打って出た。プロレスは勝ち負けではない、生き様なのだ。心理学も、研究に必ず生き様が出る。私にできる精一杯で、その魅力を皆さんに広く伝えたいと切に思っている。

本書は、初稿を九州大学の郷原皓彦さん、久留米大学の増田奈央子さんに読んでいただき、貴重なご意見ご感想をいただくことで、ブラッシュアップされた。さらに、福岡女学院大学の分部利紘先生とのディスカッションによって、様々なアイデアをいただいた。特にサブリミナルと誤記憶に関する章は、分部先生から直接話の筋についてアイデアをいただいたことを、ここに再度明記しておきたい。彼らの協力なしに本書は成り立ち得なかった。深く感謝の意をお伝えしたい。

本書のお話を持ってきてくださり、原稿の感想を深夜でも早朝でもすぐに送ってくださったことで、たえず執筆を励ましてくださった三宅貴久編集長にも、最大限の感謝を述べたい。最後に、私を日々支えてくれている家族の沙紀子、夏緒に感謝を述べて、本書を終えたい。

参考文献

【序章】

タルマ・ローベル、池村千秋 訳『赤を身につけるとなぜもてるのか?』文藝春秋、2015

Elliot, Andrew J. and Niesta, Daniela (2008) Romantic red: Red enhances men's attraction to women. *Journal of Personality and Social Psychology*, 95, 1150-1164

Gert Stulp, Abraham P. Buunk, Thomas V. Pollet, Daniel Nettle, Simon Verhulst (2013) Are Human Mating Preferences with Respect to Height Reflected in Actual Pairings? *PLOS ONE*, 8, e54186.

【1章】

Melissa Bateson, Martin J. Tove, Hannah R. George, Anton Gouws, Piers L. Cornelissen (2014) Humans are not fooled by size illusions in attractiveness judgements. *Evolution and Human Behavior*, 35, 133-139.

Devendra Singh (1993) Adaptive Significance of Female physical attractiveness: role of waist to hip ratio. *Journal of Personality and Social Psychology*, 65, 293-307.

Aglioti S, DeSouza JF, Goodale MA. (1995) Size-contrast illusions deceive the eye but not the hand. *Curr Biol.* 5, 679-85.

メルヴィン・グッデイル、デイヴィッド・ミルナー、鈴木光太郎訳『もうひとつの視覚――〈見えない視覚〉はどのように発見されたか』新曜社、2008

【2章】

Floyd K, Erbert LA. (2003) Relational message interpretations of nonverbal matching behavior: an application of the social meaning model. *J Soc Psychol.* 143, 58197.

Andrea C. Morales (2005) Giving Firms an "E" for Effort: Consumer Responses to High Effort Firms. *Journal of Consumer Research*, 31, 806812.

Philip G. Erwin (1993) Social Problem Solving, Social Behavior, and Children's Peer Popularity. The *Journal of Psychology: Interdisciplinary and Applied*, 128, 299-306.

Rind, B., and Bordia, P. (1995). Effect of server's "Thank you" and personal- ization on restaurant tipping. *Journal of Applied Social Psychology*, 25, 745-751.

Rind, B., and Bordia, P. (1996). Effect on restaurant tipping of male and female servers drawing a happy, smiling face on the backs of customers' checks. *Journal of Applied Social Psychology*, 26, 218-225.

Bruce Rind and David Strohmetz (1999) Effect on restaurant tipping of a helpful message written on the back of customer's check. *Journal of Applied Social Psychology*, 29, 139-144.

水野敬也『ＬＯＶＥ理論』文響社、２０１３

愛田武『ホスト王・愛田流　天下無敵の経営術』河出書房新社、２００４

【3章】

Eiichi Naito and Satoshi Hirose (2014) Efficient foot motor control by Neymar's brain. *Frontiers in Human Neuroscience*, 8, Article 594.

【4章】

Kappes, HB. and Oettingen, G. (2011) Positive fantasies about idealized futures sap energy. *Journal of Experimental Social Psychology*, 47, 719-729.

週刊プロレス編集部『三沢光晴——永久保存版メモリアル写真集』ベースボールマガジン社、２００９

ロバート・ビスワス＝ディーナー、トッド・カシュダン、高橋由紀子訳『ネガティブな感情が成功を呼ぶ』草思社、２０１５

Margaret S. Livingstone, Rosa Lafer-Sousa and Bevil R. Conway (2011) Stereopsis and Artistic Talent : Poor Stereopsis Among Art Students and Established Artists. *Psychological Science*, 22, 336-338.

【5章】

Erin J. Strahan, Steven J. Spencer, and Mark P. Zanna (2002) Subliminal priming and persuasion: Striking while the iron is hot. *Journal of Experimental Social Psychology*, 38, 556-568.

Johan C. Karremans, Wolfgang Stroebe, Jasper Claus (2006) Beyond Vicary's fantasies: The impact of subliminal priming and brand choice. *Journal of Experimental Social Psychology*, 42, 792-798.

【6章】

古川竹二（1927）、血液型による気質の研究、心理学研究、2, 22-44.

能見正比古『血液型でわかる相性——伸ばす相手、こわす相手』青春出版社（プレイブックス）、１９７１

村上宣寛『「心理テスト」はウソでした。受けたみんなが馬鹿を見た』日経ＢＰ社、２００５

松井豊（1991）、血液型による性格の相違に関する統計的検討、東京都立立川短期大学紀要、24, 51-54.

Wu, K., Lindsted, K. D., and Lee, J. W. (2005) Blood type and the five factors of personality in Asia. *Personality and Individual Differences*, 38, 797-808.

Cramer, K. M., and Imaike, E. (2002). Personality, blood type, and the Five-Factor Model. *Personality and Individual Differences*, 32, 621-626.

Rogers, M. and Glendon A. I. (2003). Blood type and personality. *Personality and Individual Differences*, 34, 1099-1112.

縄田健悟（2014）、血液型と性格の無関連性――日本と米国の大規模社会調査を用いた実証的論拠、心理学研究、85, 148-156.

ピーター・Ｊ・ダダモ、濱田陽子訳『ダダモ博士の血液型健康ダイエット』集英社文庫、１９９８

Leila Cusack, Emmy De Buck, Veerle Compernolle, Philippe Vandekerckhove (2013). "Blood type diets lack supporting evidence: a systematic review". *The American Journal of Clinical Nutrition* 98 (1): 99-104.

【7章】

Gilovich T., Vallone, R. and Tversky A. (1985) The Hot Hand in Basketball: On the Misperception of Random Sequences. *Cognitive Psychology*, 17, 295-314.

加藤英明、山崎尚志『野球人の錯覚』東洋経済新報社、２００８

【∞章】

Bruce Bower (1990) Gone but not forgotten. *Science News*, 138, 312-314.

Joseph Sandler, Peter Fonagy, Phil Mollon (1997) *Recovered Memories of Abuse: True Or False?* Karnac Books.

Elizabeth F. Loftus and John C. Palmer (1974) Reconstruction of Automobile Destruction : An Example of the Interaction Between Language and Memory. *Journal of Verbal Learning and Verbal Behavior*, 13, 585-589.

Elizabeth F. Loftus and JE. Pickrell (1995) The formation of false memory. *Psychiatric Annals*, 25, 720-725.

Elizabeth F. Loftus (2005) Planting misinformation in the human mind: A 30-year investigation of the malleability of memory. *Learning & Memory*, 361-366.

Sporer, Siegfried Ludwig, Penrod, Steven, Read, Don & Cutler, Brian (1995) Choosing, confidence, and accuracy: A meta-analysis of the confidence-accuracy relation in eyewitness identification studies. *Psychological Bulletin*, 118, 315-327.

Elizabeth F. Loftus, Geoffrey R. Loftus, Jane Messo (1987) Some facts about "weapon focus". *Law and Human Behavior*, 11, 55-62.

Brown, Evan, Deffenbacher, Kenneth & Sturgill, William (1977) Memory for faces and the circumstances of encounter. *Journal of Applied Psychology*, 62, 311-318.

Jonathan W. Schooler, Tonya Y. Engstler-Schooler (1990) Verbal Overshadowing of Visual Memories: Some Things Are better Left Unsaid. *Cognitive Psychology*, 22, 36-71.

Fiona Gabbert, Amina Memon and Kevin Allan (2003) Memory Conformity: Can Eyewitnesses Influence Each Other's Memories for an Event? *Appl. Cognit. Psychol.*, 17, 533-543.

Gary L. Wells, Amina Memon and Steven D. Penrod (2006) Eyewitness Evidence. Improving Its Probative Value. *Psychological Science*, 7, 45-75.

Daniel M. Bernstein, Cara Laney, Erin K. Morris, and Elizabeth F. Loftus (2005) False memories about food can lead to food avoidance. *Social Cognition*, 23, 11-34.

Stern, L. W. (1902). Zur psychologie der aussage [To the psychology of testimony]. *Zeitschrift fur die gesamte Strafrechswissenschaft*, 23, 56-66.

Stern, L. W. (1910). Abstracts of lectures on the psychology of testimony. *American Journal of Psychology*, 21, 273-282.

Stern, L. W. (1939). The psychology of testimony. *Journal of Abnormal and Social Psychology*, 40, 3-20.

【9章】

Adam D. I. Kramer, Jamie E. Guillory, and Jeffrey T. Hancock (2014) Experimental evidence of massive-scale emotional contagion through social networks. *PNAS*, 111, 8788-8790.

R. Kanai, B. Bahrami, R. Roylance and G. Rees (2011) *Online social network size is reflected in human brain structure.* Proc. R. Soc. B, 279, 1327-34.

Neil Hall (2014) The Kardashian index: a measure of discrepant social media profile for scientists. *Genome Biology*, 15, 424

Kiju Jung, Sharon Shavitta, Madhu Viswanathana, and Joseph M. Hilbe (2014) Female hurricanes are deadlier than male hurricanes. *PNAS*, 11, 8782-7

S. Adam Brasel, James Gips (2011) Red Bull "Gives You Wings" for better or worse: A double-edged impact of brand exposure on consumer performance. *Journal of Consumer Psychology*, 21, 57-64.

Daniele Marzoli, Mariagrazia Custodero, Alessandra Pagliara & Luca Tommasi (2013) Sun-induced frowning fosters aggressive feelings. *Cognition and Emotion*, 27, 1513-1521.

Libet B, Wright EW Jr, Gleason CA. (1982) Readiness-potentials preceding unrestricted'spontaneous'vs. pre-planned voluntary acts., *Electroencephalogr Clin Neurophysiol.* 54, 322-35.

Benjamin Libet. *Mind Time: The Temporal Factor in Consciousness* (Perspectives in Cognitive Neuroscience). Harvard University Press (2005/10/28)

【10章】

John Bohannon (2015) Many psychology papers fail replication test. An effort to repeat 100 studies yields sobering results, but many researchers are positive about the process. *Science*, 349, 910-911.

妹尾武治（せのおたけはる）
九州大学高等研究院及び大学院芸術工学研究院准教授。オーストラリア、ウーロンゴン大学客員研究員。東京大学大学院人文社会系研究科（心理学研究室）修了。心理学博士。専門は知覚心理学だが、これまで心理学全般について研究及び授業を行ってきた。現在、自分が乗っている電車が止まっているのにもかかわらず、反対方向の電車が動き出すと自分も動いているように感じる現象（ベクション）を主な研究テーマとしている。筋金入りのプロレスマニア。一般向けの書籍に『脳がシビれる心理学』（実業之日本社）がある。

おどろきの心理学《しんりがく》　人生《じんせい》を成功《せいこう》に導《みちび》く「無意識《むいしき》を整《ととの》える」技術《ぎじゅつ》

2016年2月20日初版1刷発行

著　者 ── 妹尾武治
発行者 ── 駒井　稔
装　幀 ── アラン・チャン
印刷所 ── 萩原印刷
製本所 ── 榎本製本
発行所 ── 株式会社光文社
東京都文京区音羽1-16-6（〒112-8011）
http://www.kobunsha.com/
電　話 ── 編集部03(5395)8289　書籍販売部03(5395)8116
業務部03(5395)8125
メール ── sinsyo@kobunsha.com

ISBN 978-4-334-03904-2

800
電通とＦＩＦＡ
サッカーに群がる男たち
田崎健太

裏金、権力闘争、ロス五輪、放映権、アフリカ票——逮捕者続出！　ＦＩＦＡとサッカー界は生まれ変わるのか？　スポーツビジネスを知り尽くす電通元専務を徹底取材した問題作。

978-4-334-03903-5

801
おどろきの心理学
人生を成功に導く「無意識を整える」技術
妹尾武治

必ず好かれる方法がある!?　ＳＮＳを使った世論操作が可能!?——科学としての心理学が明らかにした、おどろきの研究結果を、気鋭の心理学者が徹底的に面白くわかりやすく解説！

978-4-334-03904-2

802
非常識な建築業界
「どや建築」という病
森山高至

「どや顔」をした公共施設の急増、下請け丸投げのゼネコン、偏った建築教育…etc. 新国立競技場問題や傾斜マンション事件が巻き起こった背景を、建築エコノミストが明らかにする。

978-4-334-03905-9

803
お腹やせの科学
脳をだまして効率よく腹筋を鍛える
松井薫

一般的な腹筋運動では、なぜお腹がスリムにならないのか？　スポーツトレーニングの第一人者がロジカルに解説する、時間がない人のための、画期的なお腹やせトレーニング法！

978-4-334-03906-6

804
写真ノ説明
荒木経惟

妻、愛猫、ガン、右眼。大事なモノを失う度に撮る写真が凄みと切なさを増していくアラーキー。名作から撮り下ろし、「人妻エロス」、路上ワークショップまで〝写鬼〟の全てが分かる！

978-4-334-03907-3